Datrys Problemau Mathemateg

Blwyddyn 6

Catherine Yemm

Brilliant
PUBLICATIONS

Llyfrau eraill yn yr un gyfres:

Datrys Problemau Mathemateg – Blwyddyn 1   978-1-78317-284-9
Datrys Problemau Mathemateg – Blwyddyn 2   978-1-78317-285-6
Datrys Problemau Mathemateg – Blwyddyn 3   978-1-78317-286-3
Datrys Problemau Mathemateg – Blwyddyn 4   978-1-78317-287-0
Datrys Problemau Mathemateg – Blwyddyn 5   978-1-78317-288-7

Cyhoeddwyd gan Brilliant Publications
Uned 10, Sparrow Hall Farm,
Edlesborough, Dunstable, Bedfordshire LU6 2ES

E-bost: info@brilliantpublications.co.uk
gwefan: www.brilliantpublications.co.uk
Ymholiadau cyffredinol:
Ffôn: 01525 222292

Mae'r enw Brilliant Publications a'r logo yn nodau masnach cofrestredig.

Ysgrifennwyd gan Catherine Yemm

Clawr a darluniau gan Frank Endersby

ISBN print: 978-1-78317-289-4
ISBN e-lyfr: 978-1-78317-295-5

Cyhoeddwyd gyntaf yn 2016. Cyhoeddwyd yn y DU.
10   9   8   7   6   5   4   3   2

Cynnwys

Cyflwyniad

Datrys Problemau Mathemateg – Blwyddyn 6 yw'r chweched llyfr mewn cyfres o chwe llyfr adnoddau ar gyfer gwersi rhifedd. Mae'n cynnwys gofynion Datblygu ymresymu rhifyddol y Fframwaith Rhifedd Cenedlaethol. Mae pob llyfr yn addas i flwyddyn ysgol benodol ac yn cynnwys adnoddau y gellir eu llungopïo.

Mae datrys problemau yn rhan bwysig o'r cwricwlwm rhifedd ac mae rhifedd yn bwnc pwysig gan fod plant yn dysgu sgiliau sy'n eu galluogi i ddatrys problemau mewn agweddau eraill o'u bywydau. Nid yw'n ddigon gallu cyfrif, adnabod rhif a chyfrifo; mae ar blant angen gallu defnyddio sgiliau datrys problemau ochr yn ochr â gwybodaeth mathemategol i'w helpu i lwyddo mewn gwahanol sefyllfaoedd 'bywyd go iawn'. Nid yw llawer o'r sgiliau a'r strategaethau datrys problemau sydd eu hangen yn dod yn naturiol felly mae'n rhaid eu haddysgu.

Ni ddylai datrys problemau fod yn faes sy'n cael ei addysgu yn noeth ar ei ben ei hun ond mae'n un y dylid ei addysgu ochr yn ochr â meysydd mathemateg eraill megis rhif, siâp, gofod a mesurau. Bydd plant yn elwa o gael cyfleoedd i ddatrys problemau mewn meysydd eraill o'r cwricwlwm ac allan o'r dosbarth yn ogystal ag mewn gwersi penodol ar rifedd.

Pan yn addysgu plant i ddatrys problemau mae nifer o bwyntiau y dylid eu hystyried:

- Dylai hyd y problemau amrywio yn dibynnu ar oedran y grŵp. Bydd plant yn elwa o gael problemau byr, canolig ac estynedig.
- Dylai problemau ar un dudalen neu mewn un wers fod yn amrywiol fel nad yw'r plant yn cymryd yn ganiataol mai problemau 'lluosi' ydyn nhw, er enghraifft, ac felly yn lluosi'r rhifau maen nhw'n eu gweld er mwyn cael yr atebion.
- Mae'n rhaid i'r problemau amrywio o ran cymhlethdod: dylai bod rhai problemau un cam a rhai dau gam a dylai'r eirfa ym mhob problem fod yn wahanol.
- Yn dibynnu ar oedran y plant gellid cyflwyno'r problemau ar lafar neu'n ysgrifenedig.
- Pan yn gosod problemau ysgrifenedig i'w datrys efallai y bydd ar rai plant angen help i ddarllen y geiriau, er nad yw hyn o reidrwydd yn golygu y byddan nhw angen help i ateb y cwestiwn.
- Dylai cyd-destun y broblem wneud synnwyr a bod yn berthnasol i'r plant. Dylai geisio eu hannog i ddod o hyd i'r ateb a bod o ddiddordeb iddyn nhw. Er enghraifft, dylid cynnwys ewros yn ogystal â phunnoedd.

Mae'r llyfr hwn wedi'i rannu'n dair pennod: 'Datblygu ymresymu rhifyddol', 'Datblygu ymresymu rhifyddol: Adnabod prosesau a chysylltiadau' a 'Defnyddio sgiliau rhif'. Mae pob pennod yn cynnwys chwe gwers, un i'w defnyddio bob hanner tymor.

Datblygu ymresymu rhifyddol

Mae'r llinyn 'Datblygu ymresymu rhifyddol' yn y Fframwaith Rhifedd Cenedlaethol yn nodi y dylai plant Blwyddyn 6 allu 'adnabod y camau a'r wybodaeth briodol sydd eu hangen er mwyn cwblhau'r dasg neu gyrraedd datrysiad.'

Yn y bennod hon mae'r pwyslais ar ddewis ac yna defnyddio'r gweithrediad cywir i ddatrys problem. Ym Mlwyddyn 6 mae plant yn datblygu eu sgiliau adio, tynnu, lluosi a rhannu a dylen nhw ddeall bod angen dulliau gwahanol i ddatrys gwahanol broblemau. Dylid eu hannog i wneud a chyfiawnhau penderfyniadau drwy ddewis y gweithrediadau addas i ddatrys problemau geiriau, penderfynu a yw cyfrifiadau yn gallu cael eu gwneud yn y pen neu gyda phapur a pensil, ac esbonio a chofnodi sut wnaethant ddatrys y broblem. Dylid rhoi'r cyfle i'r plant daclo problemau cymysg fel eu bod yn dysgu sut i feddwl yn agored a gwneud penderfyniad yn seiliedig ar yr eirfa a ddefnyddir a'r cwestiwn ei hun. Os nad yw plant yn cael dysgu'r sgiliau dewis hyn yna mae'n gyffredin iawn iddyn nhw dybio mai adio yw'r ffordd i ddod o hyd i ateb i gwestiwn gyda dau rif. Mae cymysgedd o gwestiynau yn y bennod hon a gall y bydd gofyn i'r plant ddefnyddio unrhyw un o'r pedwar gweithrediad. Mae'r cwestiynau wedi'u cynllunio i alluogi'r pant i ymarfer datrys problemau mewn amrywiaeth o gyd-destunau perthnasol.

Pan mae'r plant yn ateb y cwestiynau dylid eu hannog i ddefnyddio strategaethau meddwl i wneud nodiadau ac i ddefnyddio dulliau ysgrifenedig mwy ffurfiol a rhoi cyfle iddyn nhw ddefnyddio cyfrifiannell.

Mae'r amcanion datrys problemau yn gysylltiedig â'r gofynion a geir o dan y pennawd 'Adolygu'. Ar ôl dewis a defnyddio'r gweithrediad cywir gellid annog y plant i:
- ddehongli atebion yng nghyd-destun y broblem ac ystyried a yw'r atebion yn synhwyrol, gan gynnwys dangosyddion cyfrifiannell, analog a digidol
- defnyddio data i ddod i gasgliadau, a chydnabod y gall rhai casgliadau fod yn gamarweiniol neu'n ansicr.

Datblygu ymresymu rhifyddol: Adnabod prosesau a chysylltiadau

Yn ôl amcanion y Fframwaith Rhifedd Cenedlaethol dylai plant Blwyddyn 6 allu:
- trosglwyddo sgiliau mathemategol i amrywiaeth o gyd-destunau a sefyllfaoedd bob dydd
- adnabod y camau a'r wybodaeth briodol sydd eu hangen er mwyn cwblhau'r dasg neu gyrraedd datrysiad

- dewis mathemateg a thechneg briodol i'w defnyddio
- dewis a defnyddio offer ac unedau mesur addas
- dewis strategaeth feddwl neu ysgrifenedig briodol a gwybod pryd mae'n briodol defnyddio cyfrifiannell
- amcangyfrif a delweddu maint wrth fesur a defnyddio'r unedau cywir.

Mae'r gweithgareddau yn y bennod hon yn gymysgedd o broblemau, posau a datganiadau. Mae gwersi 1, 3 a 5 yn ymwneud â siapiau, ac mae gwersi 2, 4 a 6 yn ymwneud â rhif. Pan geir datganiad megis 'Os ydych chi'n lluosi rhif gyda hanner mae'n gwneud y rhif ddwywaith yn llai'. Dylai'r plant gael eu hannog i roi enghreifftiau i brofi'r datganiad, er enghraifft 32 x 0.5 = 16 ; 72 x 0.5 = 36.   Gall eraill fod yn gwestiynau mwy amlwg sydd ond angen ateb. Dylai'r athro geisio rhoi amser i siarad gyda'r plant tra'u bod yn gweithio er mwyn rhoi'r cyfle iddyn nhw i esbonio eu dulliau a'u rhesymu ar lafar ac i roi cyfle iddyn nhw ofyn cwestiynau megis ' Beth os...?' Bydd y sesiwn gloi ar ddiwedd y wers hefyd yn rhoi'r cyfle i wneud hyn.

Defnyddio sgiliau rhif
Mae 'Defnyddio sgiliau rhif 'y Fframwaith Rhifedd yn nodi y dylai plant Blwyddyn 6 allu:

Defnyddio ffeithiau rhif a'r berthynas rhwng rhifau
- darllen ac ysgrifennu rhifau hyd at 1 miliwn a rhifau i 3 lle degol
- defnyddio strategaethau meddwl i alw tablau lluosi i gof hyd at 10 x 10 a'u defnyddio i ddatrys problemau rhannu
- lluosi rhifau a degolion â lluosrifau 10, e.e. 15 x 30, 1.4cm x 20

Ffracsiynau, degolion, canrannau a chymarebau
- defnyddio'r ddealltwriaeth o gywerthoedd ffracsiynau, degolion a chanrannau syml, e.e. canfod 25% o 60cm a gwybod bod hyn yn gyfwerth â ¼ o 60cm
- cyfrifo symiau canrannol yn seiliedig ar 10%, e.e. 20%, 5%, 15%
- defnyddio cymhareb a chyfrannedd syml

Cyfrif yn y pen ac yn ysgrifenedig
- adio a thynnu rhifau drwy ddefnyddio rhifau cyfan a degolion
- lluosi rhifau 2 a 3 digid â rhif 2 ddigid
- rhannu rhifau 3 digid â rhif 2 ddigid

Rheoli arian
- defnyddio'r termau elw a cholled mewn gweithgareddau prynu a gwerthu a gwneud cyfrifiadau syml ar gyfer hyn
- deall y manteision a'r anfanteision sy'n gysylltiedig â defnyddio cyfrifon banc
- cymharu prisiau a deall beth sy'n cynnig y gwerth gorau am arian.

Mae'r gweithgareddau yn y bennod hon yn 'broblemau geiriau'. Bwriedir i'r cyd-destunau fod yn realistig ac yn berthnasol i blant oedran Blwyddyn 6. Mae'r cwestiynau yn gofyn am weithrediadau adio, tynnu, lluosi a rhannu ac mae'r cwestiynau yn ymwneud ag arian, mesurau gan gynnwys amser, a sefyllfaoedd bob dydd.

Dylai'r athro geisio rhoi amser i siarad gyda'r plant tra'u bod yn gweithio er mwyn rhoi cyfle iddyn nhw esbonio eu dulliau a'u rhesymu ar lafar. Bydd y sesiwn gloi ar ddiwedd y wers hefyd yn rhoi'r cyfle i wneud hyn.

Mae'r gofynion datrys problemau yn gysylltiedig â'r gofynion a geir o dan y pennawd 'Amcangyfrif a gwirio'. Ar ôl dewis a defnyddio'r gweithrediad cywir dyid annog y plant i ddefnyddio dull i wirio eu hatebion, drwy ddefnyddio gweithrediadau gwrthdro neu amcangyfrif drwy dalgrynnu i'r 10, y 100, y 1000 neu'r rhif cyfan agosaf.

Y wers

Tasg ddechreuol

Gellir dechrau'r wers gyda thasg mathemateg pen 5-10 munud. Gall hyn olygu ymarfer sgil mathemateg pen penodol ar gyfer yr hanner tymor hwnnw neu yn ddelfrydol amcan sy'n gysylltiedig â'r problemau y bydd y plant yn eu datrys ym mhrif ran y wers. Er enghraifft, os yw'r problemau yn gofyn i'r plant i adio a thynnu yna byddai'n ddefnyddiol treulio 10 munud cyntaf y wers yn atgyfnerthu bondiau adio a thynnu a'r eirfa angenrheidiol.

Y prif weithgaredd addysgu a gweithgaredd y disgybl

Mae'r llyfr hwn yn ceisio darparu'r holl daflenni gwaith y bydd ar athro eu hangen i gyflwyno'r rhan hon o'r wers yn llwyddiannus. Mae tudalen gyntaf pob gwers yn rhoi enghreifftiau o broblemau sydd angen eu datrys. Bydd yr athro'n defnyddio'r daflen ateb wag i fynd drwy'r enghreifftiau gyda'r dosbarth cyn cyflwyno'r dosbarth i'r cwestiynau y gallan nhw eu gwneud eu hunain. Dylai'r athro ddangos sut i ddatrys y broblem gan ddefnyddio'r sgiliau sy'n berthnasol i allu'r plant yn y dosbarth, er enghraifft defnyddio lluniau, cownteri a llinellau rhif.

Unwaith y bydd y plant wedi gweld nifer o enghreifftiau byddan nhw'n barod i roi cynnig ar ddatrys cwestiynau eu hunain. O fewn pob gwers mae dewis o dair taflen waith wedi'u gwahaniaethu. Mae'r cwestiynau ar y taflenni gwaith yr un fath ond mae lefel cymhlethdod mathemategol yn amrwyio. Mae hyn yn sicrhau bod y cwestiynau wedi'u gwahaniaethu yn unol â gallu mathemategol y plentyn yn unig. Bydd hefyd yn sicrhau y gall pob plentyn gymryd rhan yr un pryd pan yn mynd drwy'r cwestiynau yn y sesiwn gloi. Er enghraifft, mewn cwestiwn sy'n cynnwys adio tri rhif efallai bydd rhaid i blant adio tri rhif gwahanol ond pan fydd yr athro yn eu tywys drwy'r cwestiwn bydd y ffaith mai adio sydd angen ei wneud i ddatrys y broblem yn un bwysig fydd yn cael ei hatgyfnerthu. Os ydy'r plant yn ateb cwestiynau hollol wahanol yna pan mae'r athro'n mynd drwy'r cwestiynau yn y sesiwn gloi bydd yn rhaid i rai grwpiau o blant eistedd yn llonydd gan nad oedd y cwestiwn hwn ganddyn nhw ar eu taflen. Os yw'r athro'n teimlo y byddai rhai plant yn gweld budd o gael cwestiynau haws neu anos yna gallan nhw newid y rhifau ar y taflenni i rai sy'n fwy addas.

www.brilliantpublications.co.uk

Datrys Problemau Mathemateg – Blwyddyn 6

Y sesiwn gloi

Un o'r pethau pwysig mewn datrys problemau ydy trafod sut y gellir eu datrys ac mae'r sesiwn gloi yn benthyg ei hun i hyn yn dda iawn. Ar ôl i'r plant orffen y problemau gellir defnyddio'r sesiwn gloi i:

- drafod yr eirfa a ddefnyddiwyd yn y problemau
- trafod sut gellir mynd ati i ddatrys y broblem
- torri problem yn gamau llai
- rhestru'r gweithrediadau a'r cyfrifiadau ddefnyddiwyd i ddatrys y broblem
- trafod a oes mwy nag un ffordd i ddatrys y broblem
- trafod sut gellir gwirio'r atebion
- rhoi gwybod beth ydy'r atebion i nifer o'r cwestiynau.

Gwaith ymestynnol

Efallai bydd angen ymestyn ymhellach y plant hynny sy'n gweld y gwaith yn eithaf hawdd. Yn ogystal â rhoi'r cwestiynau mwy heriol iddyn nhw gellid gofyn iddyn nhw wneud cwestiynau eu hunain a fydd yn cynnwys yr un gweithrediadau.

Adnoddau

Byddai'n ddefnyddiol, ar gyfer rhai cwestiynau, gwneud yn siwr bod yr adnoddau canlynol ar gael i'r plant:

- Llinellau rhif hyd at 100
- Dewis o siapiau 2D a 3D
- Pob darn arian
- Clociau analog gyda bysedd sy'n symud, clociau digidol.

Atebion

Rydyn ni wedi darparu atebion lle'n bosib, ond mae sawl ateb i rai o'r cwestiynau neu mae rhai sydd angen trafodaeth dosbarth. Mae rhai cwestiynau yn gofyn i'r plant ddangos eu dealltwriaeth drwy wneud stori gyda'r rhifau a nodir, ac mae eraill yn ddatganiadau lle mae angen i'r plant ddangos eu dealltwriaeth drwy roi enghraifft sy'n cefnogi'r ffaith.

Bydd rhaid i mi _____

Byddaf yn defnyddio _____ i'm helpu

Yr ateb ydy _____

Bydd rhaid i mi _____

Byddaf yn defnyddio _____ i'm helpu

Yr ateb ydy _____

Bydd rhaid i mi _____

Byddaf yn defnyddio _____ i'm helpu

Yr ateb ydy _____

Ym mis Mehefin mae'r haul yn tywynu am 13 awr a 23 munud y dydd. Yn y gaeaf mae'r haul yn tywynu 15,300 eiliad yn llai. Mewn oriau a munudau, faint yn llai mae'r haul yn tywynu?

Mewn blwyddyn mae 2,430 o blant yn nofio yn y pwll nofio lleol. Os ydyn nhw'n talu £1.25 yr un, faint o arian mae'r ganolfan hamdden yn ei wneud?

Pa arwydd gweithrediad ydy *?

3740 * 55 = 68

Sut gallwch chi wirio hyn?

www.brilliantpublications.co.uk   Gellir llungopïo'r dudalen hon gan y sefydliad sy'n prynu yn unig.

10   **Datrys Problemau Mathemateg – Blwyddyn 6**   © Catherine Yemm

1. Gwnewch stori rhif i adlewyrchu'r cyfrifiad:

   57.9 + 28.6 = 86.5

2. Mae'r groser lleol yn gwerthu 12 ceiriosen mewn bag. Os ydy e'n gwerthu 13 bag mewn diwrnod faint o geirios fydd e wedi eu gwerthu?

3. Dw i'n meddwl am rif. Dw i'n adio 2.3 a'i luosi â 3. Fy ateb ydy 156.9. Beth oedd y rhif?

4. Mae Danielle a Natasha yn gwneud rownd bapur. Mae Danielle wedi cynilo £31.56 o wneud y rownd ac mae Natasha wedi cynilo £82.17. Faint o arian sydd gyda nhw rhyngddyn nhw?

5. Mae potel ddŵr yn dal 250ml. Mae potel Caio yn dal 2.5 gwaith yn fwy. Faint mae potel Caio yn ei ddal?

6. Beth ydy'r gwahanieth rhwng 1.26 a 2.15?

7. Mae gan Chay £10 i wario yn y ffair. Faint o arian fydd gydag e os bydd e'n cael 5 tro ar y dwmbwr dambar ac mae pob tro yn costio £1.10?

8. Mae artist lleol wedi rhoi 264 creon i'r ysgol. Os oes 12 dosbarth yn yr ysgol, sawl creon fydd pob dosbarth yn ei gael? Fydd rhai dros ben?

9. Mae Miriam yn rhoi ei theisen geirios yn y popty am 16.45. Mae angen ei choginio am 2 awr a 10 munud. Faint o'r gloch dylai hi ei thynnu o'r popty?

10. Mae gan ysgol 110 geiriadur. Mae 3 dosbarth babanod a 4 dosbarth iau. Mae angen dwywaith mwy o eiriaduron ar y dosbarthiadau iau na dosbarthiadau'r babanod. Faint o eiriaduron gall pob dosbarth babanod ac iau eu cael?

www.brilliantpublications.co.uk

Datblygu ymresymu rhifyddol

Gwnewch stori rhif i adlewyrchu'r cyfrifiad:

1. $142.9 + 28.65 = 171.55$

. . . .

2. Mae'r groser lleol yn gwerthu 24 ceiriosen mewn bag. Os ydy e'n gwerthu 13 bag mewn diwrnod faint o geirios fydd e wedi eu gwerthu?

. . . .

3. Dw i'n meddwl am rif. Dw i'n adio 7.3 a'i luosi â 6. Fy ateb ydy 313.8. Beth oedd y rhif?

. . . .

4. Mae Danielle a Natasha yn gwneud rownd bapur. Mae Danielle wedi cynilo £131.56 o wneud y rownd ac mae Natasha wedi cynilo £182.17. Faint o arian sydd gyda nhw rhyngddyn nhw?

. . . .

5. Mae potel ddŵr yn dal 250ml. Mae potel Caio yn dal 3.25 gwaith yn fwy. Faint mae potel Caio yn ei ddal?

. . . .

6. Beth ydy'r gwahanieth rhwng 2.26 a 3.92?

. . . .

7. Mae gan Chay £20 i wario yn y ffair. Faint o arian fydd gydag e os bydd e'n cael 5 tro ar y dwmbwr dambar ac mae pob tro yn costio £1.65?

. . . .

8. Mae artist lleol wedi rhoi 455 creon i'r ysgol. Os oes 12 dosbarth yn yr ysgol, sawl creon fydd pob dosbarth yn ei gael? Fydd rhai dros ben?

. . . .

9. Mae Miriam yn rhoi ei theisen geirios yn y popty am 16.43. Mae angen ei choginio am 2 awr a 8 munud. Faint o'r gloch dylai hi ei thynnu o'r popty?

. . . .

10. Mae gan ysgol 198 geiriadur. Mae 3 dosbarth babanod a 4 dosbarth iau. Mae angen dwywaith mwy o eiriaduron ar y dosbarthiadau iau na dosbarthiadau'r babanod. Faint o eiriaduron gall pob dosbarth babanod ac iau eu cael?

Datrys Problemau Mathemateg – Blwyddyn 6

1. Gwnewch stori rhif i adlewyrchu'r cyfrifiad:

   242.9 + 128.65 = 371.55

   •

2. Mae'r groser lleol yn gwerthu 24 ceiriosen mewn bag. Os ydy e'n gwerthu 18 bag mewn diwrnod faint o geirios fydd e wedi eu gwerthu?

   •

3. Dw i'n meddwl am rif. Dw i'n adio 7.3 a'i luosi â 9. Fy ateb ydy 515.7. Beth oedd y rhif?

   •

4. Mae Danielle a Natasha yn gwneud rownd bapur. Mae Danielle wedi cynilo £241.56 o wneud y rownd ac mae Natasha wedi cynilo £282.17. Faint o arian sydd gyda nhw rhyngddyn nhw?

   •

5. Mae potel ddŵr yn dal 250ml. Mae potel Caio yn dal 5.25 gwaith yn fwy. Faint mae potel Caio yn ei ddal?

   •

6. Beth ydy'r gwahanieth rhwng 2.16 a 6.92?

   •

7. Mae gan Chay £20 i wario yn y ffair. Faint o arian fydd gydag e os bydd e'n cael 6 tro ar y dwmbwr dambar ac mae pob tro yn costio £1.93?

   •

8. Mae artist lleol wedi rhoi 874 creon i'r ysgol. Os oes 12 dosbarth yn yr ysgol, sawl creon fydd pob dosbarth yn ei gael? Fydd rhai dros ben?

   •

9. Mae Miriam yn rhoi ei theisen geirios yn y popty am 16.43. Mae angen ei choginio am 4 awr a 28 munud. Faint o'r gloch dylai hi ei thynnu o'r popty?

   •

10. Mae gan ysgol 308 geiriadur. Mae 3 dosbarth babanod a 4 dosbarth iau. Mae angen dwywaith mwy o eiriaduron ar y dosbarthiadau iau na dosbarthiadau'r babanod. Faint o eiriaduron gall pob dosbarth babanod ac iau eu cael?

Dw i'n meddwl am rif, yn tynnu 55 ac yn rhannu gyda 2.5. Fy ateb ydy 998. Beth oedd fy rhif?

Mae'n costio £6.50 i ymweld ag oriel gelf leol. Faint fyddai'n ei gostio i fynd â dosbarth o 38 o blant yno?

Os ydw i'n cynyddu 27.4 o 5.56 pa rif ga i?

www.brilliantpublications.co.uk   Gellir llungopio'r dudalen hon gan y sefydliad sy'n prynu yn unig.

14   **Datrys Problemau Mathemateg – Blwyddyn 6**   © Catherine Yemm

1. Mewn wythnos mae'r glaw sy'n disgyn o Ddydd Llun i Ddydd Sul yn dyblu bob dydd. Os ydy hi'n bwrw 1.1mm o law ar Ddydd Llun, faint o law sy'n disgyn yn ystod yr wythnos gyfan?

2. Pa arwydd gweithrediad ydy *?
92 * 36 = 3312
Sut gallwch chi wirio hyn?

3. 35 lluosi faint ydy 245?

4. Gwnewch stori i adlewyrchu'r cyfrifiad:

39.4 – 18.25 = 21.15

5. Mae pwll chwarae Jamal yn dal 943 litr o ddŵr fel arfer ond mae twll ynddo ac mae 232 litr o ddŵr wedi gollwng ohono. Faint o ddŵr sydd ar ôl yn y pwll?

6. Mae gan Macsen jig-so 1200 darn. Mae'n ei ollwng ar y llawr ac yn colli 350 darn. Faint sydd ganddo ar ôl?

7. Dw i'n meddwl am rif ac yn adio 32 ac yna dw i'n lluosi â 2.5. Fy ateb ydy 130. Beth oedd fy rhif?

8. Mae 275 o ddisgyblion wedi cofrestru mewn ysgol. Mae 14 teulu newydd wedi symud i'r ardal dros yr haf ac mae tri phlentyn ym mhob teulu. Faint o blant fydd yn yr ysgol ym mis Medi?

9. Mae trên i fod i gyrraedd platfform 2 am 08:20 ond mae 35 munud yn hwyr. Faint o'r gloch bydd y trên yn cyrraedd?

10. Mae'r parc lleol yn 137 metr o hyd, ond mae wedi ei gwtogi o 26.5 metr. Beth ydy ei hyd nawr?

www.brilliantpublications.co.uk

Datblygu ymresymu rhifyddol

1. Mewn wythnos mae'r glaw sy'n disgyn o Ddydd Llun i Ddydd Sul yn dyblu bob dydd. Os ydy hi'n bwrw 2.1mm o law ar Ddydd Llun, faint o law sy'n disgyn yn ystod yr wythnos gyfan?

....

2. Pa arwydd gweithrediad ydy *?
492 * 36 = 17 712
Sut gallwch chi wirio hyn?

....

3. 35 lluosi faint ydy 385?

....

4. Gwnewch stori rhif i adlewyrchu'r cyfrifiad:

59.4 – 18.25 = 41.15

....

5. Mae pwll chwarae Jamal yn dal 2543 litr o ddŵr fel arfer ond mae twll ynddo ac mae 432 litr o ddŵr wedi gollwng ohono. Faint o ddŵr sydd ar ôl yn y pwll?

....

6. Mae gan Macsen jig-so 2200 darn. Mae'n ei ollwng ar y llawr ac yn colli 476 darn. Faint sydd ganddo ar ôl?

....

7. Dw i'n meddwl am rif ac yn adio 73 ac yna dw i'n lluosi â 3.5. Fy ateb ydy 325.5. Beth oedd fy rhif?

....

8. Mae 879 o ddisgyblion wedi cofrestru mewn ysgol. Mae 27 teulu newydd wedi symud i'r ardal dros yr haf ac mae tri phlentyn ym mhob teulu. Faint o blant fydd yn yr ysgol ym mis Medi?

....

9. Mae trên i fod i gyrraedd platfform 2 am 08:37 ond mae 48 munud yn hwyr. Faint o'r gloch bydd y trên yn cyrraedd?

....

10. Mae'r parc lleol yn 237 metr o hyd, ond mae wedi ei gwtogi o 56.5 metr. Beth ydy ei hyd nawr?

Datrys Problemau Mathemateg – Blwyddyn 6

1. Mewn wythnos mae'r glaw sy'n disgyn o Ddydd Llun i Ddydd Sul yn dyblu bob dydd. Os ydy hi'n bwrw 4.1mm o law ar Ddydd Llun, faint o law sy'n disgyn yn ystod yr wythnos gyfan?

2. Pa arwydd gweithrediad ydy *?
692 * 32 = 22 144
Sut gallwch chi wirio hyn?

3. 35 lluosi faint ydy 875?

4. Gwnewch stori rhif i adlewyrchu'r cyfrifiad:

159.4 − 118.25 = 41.15

5. Mae pwll chwarae Jamal yn dal 22 543 litr o ddŵr fel arfer ond mae twll ynddo ac mae 1432 litr o ddŵr wedi gollwng ohono. Faint o ddŵr sydd ar ôl yn y pwll?

6. Mae gan Macsen jig-so 4700 darn. Mae'n ei ollwng ar y llawr ac yn colli 1276 darn. Faint sydd ganddo ar ôl?

7. Dw i'n meddwl am rif ac yn adio 93 ac yna dw i'n lluosi â 5.5. Fy ateb ydy 786.5. Beth oedd fy rhif?

8. Mae 1879 o ddisgyblion wedi cofrestru mewn ysgol. Mae 57 teulu newydd wedi symud i'r ardal dros yr haf ac mae tri phlentyn ym mhob teulu. Faint o blant fydd yn yr ysgol ym mis Medi?

9. Mae trên i fod i gyrraedd platfform 2 am 06:37 ond mae 2 awr 48 munud yn hwyr. Faint o'r gloch bydd y trên yn cyrraedd?

10. Mae'r parc lleol yn 1237 metr o hyd, ond mae wedi ei gwtogi o 156.5 metr. Beth ydy ei hyd nawr?

Datblygu ymresymu rhifyddol

Faint o gramau mae'n rhaid i Efan adio at 13.4kg i wneud 15kg?

Arwynebedd ystafell wely Sara ydy 45m sgwâr. Mae gan ystafell wely ei chwaer 2.5 gwaith yn fwy o arwynebedd. Beth ydy arwynebedd ystafell ei chwaer?

Mae mam-gu Geraldine yn byw yn Awstralia. Ar ei phen-blwydd mae Geraldine yn ei ffonio yn y bore a gyda'r nos. Mae'r alwad gyntaf yn para 1247 eiliad; mae'r ail yn para 4738 eiliad. Sawl munud a sawl eiliad mae Geraldine yn ei dreulio'n siarad â'i mam-gu ar ei phen-blwydd?

www.brilliantpublications.co.uk   Gellir llungopïo'r dudalen hon gan y sefydliad sy'n prynu yn unig.

18   **Datrys Problemau Mathemateg – Blwyddyn 6**   © Catherine Yemm

1. Mae gwers biano Rhian yn dechrau am 17.25 ac yn para am 25 munud. Mae hi'n cael gwers ddwbl er mwyn paratoi ar gyfer ei harholiad. Faint o'r gloch orffennodd ei gwers?

2. Mae ffair y pentref yn darparu byrddau lle mae pobl yn eistedd i gael diod. Maen nhw'n disgwyl 105 o bobl ac mae ganddyn nhw 15 bwrdd. Faint o gadeiriau ddylen nhw roi o amgylch pob bwrdd?

3. Pa arwydd gweithrediad ydy *?
251* 487 = 738
Sut gallwch chi wirio hyn?

4. Dw i'n meddwl am rif. Dw i'n adio 341 ac yn tynnu 295 i ffwrdd. Fy ateb ydy 300. Beth oedd fy rhif?

5. Mewn cystadleuaeth ysgrifennu, rhannodd 8 person y wobr ac ennill £52.75 yr un. Faint oedd cyfanswm y wobr ariannol?

6. Faint yn fwy na 1892 ydy 2251?

7. Mae mam-gu Alex yn hoffi gwau. Fel arfer, mae hi'n gallu gwau 476 pwyth mewn awr. Ond, ar hyn o bryd mae mam-gu wedi anafu ei braich felly dim ond chwarter y pwythau arferol yr awr mae hi'n gallu eu gwneud. Faint yn llai o bwythau'r awr mae hi'n eu gwneud?

8. Gwnewch stori rhif i ddangos y cyfrifiad.
37.15 ÷ 5 = 7.43

9. Mae'r goeden afal yng ngardd Tesni yn 15.7 metr o daldra. Mae'r goeden geirios yn 250cm yn fyrrach. Pa mor dal ydy'r goeden geirios?

10. Mae Nel wedi darllen dau lyfr yr wythnos hon. Roedd gan y llyfr cyntaf 152 o dudalennau ac roedd gan yr ail un hanner y nifer hwn. Faint o dudalennau mae hi wedi eu darllen yr wythnos hon?

Gwers 3b

1. Mae gwers biano Rhian yn dechrau am 17.25 ac yn para am 55 munud. Mae hi'n cael gwers ddwbl er mwyn paratoi ar gyfer ei harholiad. Faint o'r gloch orffennodd ei gwers?

2. Mae ffair y pentref yn darparu byrddau lle mae pobl yn eistedd i gael diod. Maen nhw'n disgwyl 135 o bobl ac mae ganddyn nhw 15 bwrdd. Faint o gadeiriau ddylen nhw roi o amgylch pob bwrdd?

3. Pa arwydd gweithrediad ydy *?
651 * 987 = 1638
Sut gallwch chi wirio hyn?

4. Dw i'n meddwl am rif. Dw i'n adio 441 ac yn tynnu 395 i ffwrdd. Fy ateb ydy 400. Beth oedd fy rhif?

5. Mewn cystadleuaeth ysgrifennu, rhannodd 12 person y wobr ac ennill £152.75 yr un. Faint oedd cyfanswm y wobr ariannol?

6. Faint yn fwy na 1892 ydy 3251?

7. Mae mam-gu Alex yn hoffi gwau. Fel arfer, mae hi'n gallu gwau 3476 pwyth mewn awr. Ond, ar hyn o bryd mae mam-gu wedi anafu ei braich felly dim ond chwarter y pwythau arferol yr awr mae hi'n gallu eu gwneud. Faint yn llai o bwythau'r awr mae hi'n eu gwneud?

8. Gwnewch stori rhif i ddangos y cyfrifiad.
401.22 ÷ 54 = 7.43

9. Mae'r goeden afal yng ngardd Tesni yn 25.7 metr o daldra. Mae'r goeden geirios yn 450cm yn fyrrach. Pa mor dal ydy'r goeden geirios?

10. Mae Nel wedi darllen dau lyfr yr wythnos hon. Roedd gan y llyfr cyntaf 452 o ddudalennau ac roedd gan yr ail un hanner y nifer hwn. Faint o dudalennau mae hi wedi eu darllen yr wythnos hon?

1. Mae gwers biano Rhian yn dechrau am 17.25 ac yn para am 65 munud. Mae hi'n cael gwers ddwbl er mwyn paratoi ar gyfer ei harholiad. Faint o'r gloch orffennodd ei gwers?

• •

2. Mae ffair y pentref yn darparu byrddau lle mae pobl yn eistedd i gael diod. Maen nhw'n disgwyl 195 o bobl ac mae ganddyn nhw 15 bwrdd. Faint o gadeiriau ddylen nhw roi o amgylch pob bwrdd?

• •

3. Pa arwydd gweithrediad ydy *?
1651 * 1987 = 3638
Sut gallwch chi wirio hyn?

• •

4. Dw i'n meddwl am rif. Dw i'n adio 641 ac yn tynnu 495 i ffwrdd. Fy ateb ydy 500. Beth oedd fy rhif?

• •

5. Mewn cystadleuaeth ysgrifennu, rhannodd 12 person y wobr ac ennill £252.75 yr un. Faint oedd cyfanswm y wobr ariannol?

• •

6. Faint yn fwy na 6251 ydy 8892?

• •

7. Mae mam-gu Alex yn hoffi gwau. Fel arfer, mae hi'n gallu gwau 8476 pwyth mewn awr. Ond, ar hyn o bryd mae mam-gu wedi anafu ei braich felly dim ond chwarter y pwythau arferol yr awr mae hi'n gallu eu gwneud. Faint yn llai o bwythau'r awr mae hi'n eu gwneud?

• •

8. Gwnewch stori rhif i ddangos y cyfrifiad.
549.82 ÷ 74 = 7.43

• •

9. Mae'r goeden afal yng ngardd Tesni yn 55.7 metr o daldra. Mae'r goeden geirios yn 1450cm yn fyrrach. Pa mor dal ydy'r goeden geirios?

• •

10. Mae Nel wedi darllen dau lyfr yr wythnos hon. Roedd gan y llyfr cyntaf 752 o dudalennau ac roedd gan yr ail un hanner y nifer hwn. Faint o dudalennau mae hi wedi eu darllen yr wythnos hon?

Datblygu ymresymu rhifyddol

Gweithgaredd dosbarth cyfan

Sawl eiliad sydd mewn 3 awr a 17 munud?

Mae'r carped yn ystafell wely Rhodri yn 2.75 metr o hyd. Yn ystafell ei frawd, mae'r carped 112cm yn fyrrach. Pa mor hir ydy carped ei frawd?

Mae cogydd yr ysgol yn prynu 350 banana am yr wythnos. Mae 20% o'r bananas wedi cleisio ac mae rhaid cael gwared arnyn nhw. Faint o fananas sydd ar ôl?

1. Mae mam Bleddyn yn prynu 16 tun ffrwyth yn yr archfarchnad. Mae 25% o'r tuniau wedi dyddio ac mae angen cael gwared arnyn nhw. Faint o duniau ffrwyth sydd ar ôl?

   ....

2. Mae Dewi wedi ennill tocyn llyfr gwerth £30 mewn cystadleuaeth. Os ydy e'n prynu geiriadur newydd am £12.50 a gwyddoniadur am £15.95, faint o arian fydd ganddo ar ôl?

   ....

3. Beth ydy cyfanswm 858, 166 a 26.5?

   ....

4. Mae'n costio £1.25 y person i ymweld â'r fferm leol ac mae ganddyn nhw 220 o ymwelwyr y mis ar gyfartaledd. Faint o arian mae'r fferm yn ei wneud bob blwyddyn?

   ....

5. Cwblhaodd aelodau tîm ras gyfnewid yr ysgol eu ras yn yr amseroedd canlynol: nofiwr 1, 34 eiliad; nofiwr 2, 25 eiliad; nofiwr 3, 83 eiliad; a nofiwr 4, 96 eiliad. Beth oedd cyfanswm eu hamser mewn munudau ac eiliadau?

   ....

6. Dw i'n meddwl am rif ac yn adio 52.4 ac yna'n ei luosi â 5. Fy ateb ydy 674. Beth oedd fy rhif?

   ....

7. Pa arwydd gweithrediad ydy *?
   925 * 435 = 490
   Sut gallwch chi wirio hyn?

   ....

8. Mae gan bensil 235mm o blwm. Faint o bensiliau ellir eu gwneud o 2 fetr o blwm?

   ....

9. Mae ffens berimedr o amgylch yr ysgol gynradd leol yn 175 metr. Mae'r ffens berimedr o amgylch yr ysgol uwchradd leol yn ddwywaith yr hyd yma. Faint ydy ei hyd?

   ....

10. Gwnewch stori rhif i ddangos y cyfrifiad.

    7.13 x 18 = 128.34

www.brilliantpublications.co.uk

Datrys Problemau Mathemateg – Blwyddyn 6 23

Gwers 4b

1. Mae mam Bleddyn yn prynu 32 tun ffrwyth yn yr archfarchnad. Mae 25% o'r tuniau wedi dyddio ac angen cael gwared arnyn nhw. Faint o duniau ffrwyth sydd ar ôl?

2. Mae Dewi wedi ennill tocyn llyfr gwerth £50 mewn cystadleuaeth. Os ydy e'n prynu geiriadur newydd am £12.50 a gwyddoniadur am £27.95, faint o arian fydd ganddo ar ôl?

3. Beth ydy cyfanswm 1058, 266 a 26.5?

4. Mae'n costio £1.25 y person i ymweld â'r fferm leol ac mae ganddyn nhw 560 o ymwelwyr y mis ar gyfartaledd. Faint o arian mae'r fferm yn ei wneud bob blwyddyn?

5. Cwblhaodd aelodau tîm ras gyfnewid yr ysgol eu ras yn yr amseroedd canlynol: nofiwr 1, 134 eiliad; nofiwr 2, 205 eiliad; nofiwr 3, 323 eiliad; a nofiwr 4, 196 eiliad. Beth oedd cyfanswm eu hamser mewn munudau ac eiliadau?

6. Dw i'n meddwl am rif ac yn adio 32.4 ac yna'n ei luosi â 5. Fy ateb ydy 574. Beth oedd fy rhif?

7. Pa arwydd gweithrediad ydy *?
1925 * 1435 = 490
Sut gallwch chi wirio hyn?

8. Mae gan bensil 135mm o blwm. Faint o bensiliau ellir eu gwneud o 2 fetr o blwm?

9. Mae ffens berimedr o amgylch yr ysgol gynradd leol yn 275 metr. Mae'r ffens berimedr o amgylch yr ysgol uwchradd leol yn ddwywaith yr hyd yma. Faint ydy ei hyd?

10. Gwnewch stori rhif i ddangos y cyfrifiad.

7.13 x 28 = 199.64

Datrys Problemau Mathemateg – Blwyddyn 6　　© Catherine Yemm

1. Mae mam Bleddyn yn prynu 64 tun ffrwyth yn yr archfarchnad. Mae 25% o'r tuniau wedi dyddio ac angen cael gwared arnyn nhw. Faint o duniau ffrwyth sydd ar ôl?

2. Mae Dewi wedi ennill tocyn llyfr gwerth £70 mewn cystadleuaeth. Os ydy e'n prynu geiriadur newydd am £22.50 a gwyddoniadur am £27.95, faint o arian fydd ganddo ar ôl?

3. Beth ydy cyfanswm 1258, 466 a 86.5?

4. Mae'n costio £2.25 y person i ymweld â'r fferm leol ac mae ganddyn nhw 560 o ymwelwyr y mis ar gyfartaledd. Faint o arian mae'r fferm yn ei wneud bob blwyddyn?

5. Cwblhaodd aelodau tîm ras gyfnewid yr ysgol eu ras yn yr amseroedd canlynol: nofiwr 1, 184 eiliad; nofiwr 2, 275 eiliad; nofiwr 3, 423 eiliad; a nofiwr 4, 296 eiliad. Beth oedd cyfanswm eu hamser mewn munudau ac eiliadau?

6. Dw i'n meddwl am rif ac yn adio 82.4 ac yna'n ei luosi â 5. Fy ateb ydy 874. Beth oedd fy rhif?

7. Pa arwydd gweithrediad ydy *?
2925 * 1435 = 1490
Sut gallwch chi wirio hyn?

8. Mae gan bensil 135mm o blwm. Faint o bensiliau ellir eu gwneud o 5 metr o blwm?

9. Mae ffens berimedr o amgylch yr ysgol gynradd leol yn 475 metr. Mae'r ffens berimedr o amgylch yr ysgol uwchradd leol yn ddwywaith yr hyd yma. Faint ydy ei hyd?

10. Gwnewch stori rhif i ddangos y cyfrifiad.

17.13 x 28 = 479.64

Datrys Problemau Mathemateg – Blwyddyn 6

Datblygu ymresymu rhifyddol

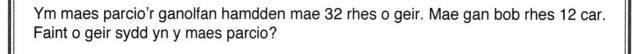

Ym maes parcio'r ganolfan hamdden mae 32 rhes o geir. Mae gan bob rhes 12 car. Faint o geir sydd yn y maes parcio?

Mae Tara, Tilak a Shauna yn casglu stampiau. Mae gan Tara 1423 stamp, mae gan Tilak 312 yn llai na Tara ac mae gan Shauna 231 yn llai na Tilak. Faint o stampiau yr un sydd gan y tri a faint sydd ganddyn nhw gyda'i gilydd?

Yn neuadd yr ysgol mae 5 cadair ddu a 4 cadair goch ym mhob rhes. Os ydy'r gofalwr wedi trefnu 45 cadair ddu, sawl cadair goch sydd?

© Catherine Yemm

Gwers 5a

1. Mae pedwar bws 44-sedd yn cyrraedd yr ysgol i fynd â'r plant ar daith, ond mae chwarter y seddi ar bob bws wedi eu difrodi. Faint o blant sy'n gallu teithio ar y bysiau?

· ·

2. Mae dŵr yn rhedeg o dapiau bath Sioned ar raddfa o 2.5 litr bob 30 eiliad. Faint fydd hi'n gymryd i lenwi ei bath gyda 100 litr o ddŵr?

· ·

3. Dw i'n meddwl am rif. Dw i'n tynnu 32 i ffwrdd a rhannu â 10. Fy ateb ydy 1.2. Beth oedd fy rhif?

· ·

4. Gwnewch stori rhif i ddangos y cyfrifiad:

845 – 231 = 614

· ·

5. Sawl ceiniog mae'n rhaid i Sophie adio at £46.35 i wneud £50?

· ·

6. Mae gan y ganolfan hamdden leol 1674 tocyn i'w rhoi am ddim i weld grŵp lleol mewn cyngerdd. Mae hyn ddwywaith y nifer o docynnau oedd ar gael y llynedd. Faint o bobl ddaeth i weld y grŵp y llynedd?

· ·

7. Pa arwydd gweithrediad ydy *?
403 * 26 = 15.50
Sut gallwch chi wirio hyn?

· ·

8. Mae pabell Jessica yn pwyso 86kg. Mae pabell Sara yn pwyso chwarter hyn. Faint mae pabell Sara yn ei bwyso?

· ·

9. Mae 784 a rhif arall yn gwneud 1205. Beth ydy'r rhif?

· ·

10. Mae 8 rhes o gadeiriau haul ar draeth. Mae 28 cadair ym mhob rhes. Sawl cadair haul sydd ar y traeth?

Gwers
5b

1. Mae pedwar bws 84-sedd yn cyrraedd yr ysgol i fynd â'r plant ar daith, ond mae chwarter y seddi ar bob bws wedi eu difrodi. Faint o blant sy'n gallu teithio ar y bysiau?

2. Mae dŵr yn rhedeg o dapiau bath Sioned ar raddfa o 2.5 litr bob 30 eiliad. Faint fydd hi'n gymryd i lenwi ei bath gyda 300 litr o ddŵr?

3. Dw i'n meddwl am rif. Dw i'n tynnu 32 i ffwrdd a rhannu â 20. Fy ateb ydy 1.2. Beth oedd fy rhif?

4. Gwnewch stori rhif i ddangos y cyfrifiad:

   9845 − 6231 = 3614

5. Sawl ceiniog mae'n rhaid i Sophie adio at £76.35 i wneud £90?

6. Mae gan y ganolfan hamdden leol 5674 tocyn i'w rhoi am ddim i weld grŵp lleol mewn cyngerdd. Mae hyn ddwywaith y nifer o docynnau oedd ar gael y llynedd. Faint o bobl ddaeth i weld y grŵp y llynedd?

7. Pa arwydd gweithrediad ydy *?
   854 * 56 = 15.25
   Sut gallwch chi wirio hyn?

8. Mae pabell Jessica yn pwyso 134kg. Mae pabell Sara yn pwyso chwarter hyn. Faint mae pabell Sara yn ei bwyso?

9. Mae 1284 a rhif arall yn gwneud 2084. Beth ydy'r rhif?

10. Mae 16 rhes o gadeiriau haul ar draeth. Mae 28 cadair ym mhob rhes. Sawl cadair haul sydd ar y traeth?

www.brilliantpublications.co.uk   Gellir llungopïo'r dudalen hon gan y sefydliad sy'n prynu yn unig.

28   **Datrys Problemau Mathemateg – Blwyddyn 6**   © Catherine Yemm

1. Mae pedwar bws 124-sedd yn cyrraedd yr ysgol i fynd â'r plant ar daith, ond mae chwarter y seddi ar bob bws wedi eu difrodi. Faint o blant sy'n gallu teithio ar y bysiau?

2. Mae dŵr yn rhedeg o dapiau bath Sioned ar raddfa o 2.5 litr bob 30 eiliad. Faint fydd hi'n gymryd i lenwi ei bath gyda 600 litr o ddŵr?

3. Dw i'n meddwl am rif. Dw i'n tynnu 32 i ffwrdd a rhannu â 40. Fy ateb ydy 1.2. Beth oedd fy rhif?

4. Gwnewch stori rhif i ddangos y cyfrifiad:

   19 845 − 16 231 = 3614

5. Sawl ceiniog mae'n rhaid i Sophie adio at £176.35 i wneud £190?

6. Mae gan y ganolfan hamdden leol 15 674 tocyn i'w rhoi am ddim i weld grŵp lleol mewn cyngerdd. Mae hyn ddwywaith y nifer o docynnau oedd ar gael y llynedd. Faint o bobl ddaeth i weld y grŵp y llynedd?

7. Pa arwydd gweithrediad ydy *?
   976 * 64 = 15.25
   Sut gallwch chi wirio hyn?

8. Mae pabell Jessica yn pwyso 234kg. Mae pabell Sara yn pwyso chwarter hyn. Faint mae pabell Sara yn ei bwyso?

9. Mae 10 284 a rhif arall yn gwneud 21 084. Beth ydy'r rhif?

10. Mae 26 rhes o gadeiriau haul ar draeth. Mae 28 cadair ym mhob rhes. Sawl cadair haul sydd ar y traeth?

Datblygu ymresymu rhifyddol

Gweithgaredd dosbarth cyfan

Rhaid coginio teisen afal am 22 munud am bob kilogram mae'n pwyso. Faint o hir mae teisen 3.5kg yn cymryd i goginio?

Mae potel lawn o lemonêd yn dal 4.5 litr. Mae cwpan yn dal 0.25 litr. Sawl cwpanaid o lemonêd sydd mewn potel?

Yn yr oriel gelf leol mae 29 stondin arddangos ac ar bob un mae 45 paentiad. Sawl paentiad sydd yn yr oriel gelf?

Gellir llungopïo'r dudalen hon gan y sefydliad sy'n prynu yn unig.
© Catherine Yemm

Gwers 6a

1. Tra roedd ar wyliau yn Ffrainc, prynodd Martin fwrdd syrffio newydd am 45.88 ewro. Prynodd Sam un yn Llundain am £42.25. Os oes 1.48 ewro i £1, bwrdd syrffio pwy oedd y rhataf ac o faint?

2. Os ydy 1 llath yn 36 modfedd, sawl modfedd sydd mewn 9 llath?

3. Pa arwydd gweithrediad ydy *?
168 * 31 = 5208
Sut gallwch chi wirio hyn?

4. Mae Indra eisiau prynu esgidiau newydd sydd yn costio £84. Mae ei thad yn dweud caiff hi brynu pâr sydd yn draean y pris. Beth ydy pris yr esgidiau mae ei thad eisiau iddi eu prynu?

5. Sawl centimetr o raff sydd yn rhaid i Catrin ei dorri i ffwrdd o'i rhaff 24.7 metr o hyd i'w gwneud yn rhaff 17.4 metr?

6. Pa dri rhif allai wneud cyfanswm o 4.5?

7. Mae 874 o ddiffiniadau yng ngeiriadur newydd Iestyn. Dim ond 237 sydd yn un Alys. Faint yn fwy o ddiffiniadau sydd yng ngeiriadur Iestyn?

8. Gwnewch stori rhif i ddangos y cyfrifiad.

243 x 16 = 3888

9. Dw i'n meddwl am rif. Dw i'n ei luosi â 3 ac yn tynnu 45. Fy ateb ydy 180. Beth oedd fy rhif?

10. Mae 561 o bobl yn byw mewn pentref cyfagos. Mae dau draean ohonyn nhw'n fenywod. Faint sy'n wrywod?

Gellir llungopïo'r dudalen hon gan y sefydliad sy'n prynu yn unig.

www.brilliantpublications.co.uk

© Catherine Yemm

Datrys Problemau Mathemateg – Blwyddyn 6   31

Datblygu ymresymu rhifyddol

1. Tra roedd ar wyliau yn Ffrainc, prynodd Martin fwrdd syrffio newydd am 115.44 ewro. Prynodd Sam un yn Llundain am £88.25. Os oes 1.48 ewro i £1, bwrdd syrffio pwy oedd y rhataf ac o faint?

2. Os ydy 1 llath yn 36 modfedd, sawl modfedd sydd mewn 15 llath?

3. Pa arwydd gweithrediad ydy *?
268 * 31 = 8308
Sut gallwch chi wirio hyn?

4. Mae Indra eisiau prynu esgidiau newydd sydd yn costio £102. Mae ei thad yn dweud caiff hi brynu pâr sydd yn draean y pris. Beth ydy pris yr esgidiau mae ei thad eisiau iddi eu prynu?

5. Sawl centimetr o raff sydd yn rhaid i Catrin ei dorri i ffwrdd o'i rhaff 34.7 metr o hyd i'w gwneud yn rhaff 17.4 metr?

6. Pa dri rhif allai wneud cyfanswm o 8.95?

7. Mae 2874 o ddiffiniadau yng ngeiriadur newydd Iestyn. Dim ond 1237 sydd yn un Alys. Faint yn fwy o ddiffiniadau sydd yng ngeiriadur Iestyn?

8. Gwnewch stori rhif i ddangos y cyfrifiad.

243 x 56 = 13 608

9. Dw i'n meddwl am rif. Dw i'n ei luosi â 3 ac yn tynnu 50. Fy ateb ydy 280. Beth oedd fy rhif?

10. Mae 1134 o bobl yn byw mewn pentref cyfagos. Mae dau draean ohonyn nhw'n fenywod. Faint sy'n wrywod?

1. Tra roedd ar wyliau yn Ffrainc, prynodd Martin fwrdd syrffio newydd am 222 ewro. Prynodd Sam un yn Llundain am £188.25. Os oes 1.48 ewro i £1, bwrdd syrffio pwy oedd y rhataf ac o faint?

2. Os ydy 1 llath yn 36 modfedd, sawl modfedd sydd mewn 21 llath?

3. Pa arwydd gweithrediad ydy *?
368 * 31 = 11 408

Sut gallwch chi wirio hyn?

4. Mae Indra eisiau prynu esgidiau newydd sydd yn costio £144. Mae ei thad yn dweud caiff hi brynu pâr sydd yn draean y pris. Beth ydy pris yr esgidiau mae ei thad eisiau iddi eu prynu?

5. Sawl centimetr o raff sydd yn rhaid i Catrin ei dorri i ffwrdd o'i rhaff 44.7 metr o hyd i'w gwneud yn rhaff 17.4 metr?

6. Pa dri rhif allai wneud cyfanswm o 15.72?

7. Mae 3874 o ddiffiniadau yng ngeiriadur newydd Iestyn. Dim ond 1237 sydd yn un Alys. Faint yn fwy o ddiffiniadau sydd yng ngeiriadur Iestyn?

8. Gwnewch stori rhif i ddangos y cyfrifiad.

243 x 56 = 13 608

9. Dw i'n meddwl am rif. Dw i'n ei luosi â 3 ac yn tynnu 50. Fy ateb ydy 355. Beth oedd fy rhif?

10. Mae 1566 o bobl yn byw mewn pentref cyfagos. Mae dau draean ohonyn nhw'n fenywod. Faint sy'n wrywod?

www.brilliantpublications.co.uk

© Catherine Yemm

Faint o'r gloch gallai hi fod os ydy'r bysedd ar gloc analog yn ffurfio ongl o 150°?

Sawl un o'r trionglau yma sydd eu hangen i wneud triongl 9 gwaith y maint?

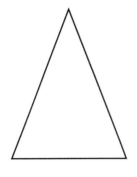

Mae'r 4 llinell yma'n gwneud sgwâr. Sawl sgwâr allwch chi eu gwneud gyda 20 llinell?

1. Lluniadwch ac enwch siâp 3D gyda mwy na 8 wyneb.

· ·

2. Sawl ongl sgwâr sydd yn y llun hwn?

· ·

3. Pa siapiau ydych chi'n eu cael os ydych chi'n torri trapesiwm yn ei hanner?

· ·

4. Pa feintiau allai'r tair ongl mewn triongl fod?

· ·

5. Sawl ciwb bach fyddech chi eu hangen i wneud ciwb sydd yn 16 ciwb o led?

· ·

6. Lluniadwch nonagon afreolaidd.

· ·

7. Beth ydy cyfanswm onglau mewnol pentagon rheolaidd?

· ·

8. Oes gan rwyd prism heptagonol fwy o fertigau na rhwyd prism pentagonol?

· ·

9. Sawl llinell cymesuredd sydd gan y llythrennau yn y gair 'CYMESUR' i gyd?

· ·

10. Pa siapiau fyddech chi eu hangen i wneud model 3D o brism hecsagonol?

Gellir llungopïo'r dudalen hon gan y sefydliad sy'n prynu yn unig.

© Catherine Yemm

www.brilliantpublications.co.uk

Datrys Problemau Mathemateg – Blwyddyn 6   35

Gwers 1b

1. Lluniadwch ac enwch siâp 3D gyda mwy na 9 wyneb.

2. Sawl ongl sgwâr sydd yn y llun hwn?

3. Pa siapiau ydych chi'n eu cael os ydych chi'n torri trapesiwm yn dair rhan?

4. Pa feintiau allai'r pum ongl mewn pentagon fod?

5. Sawl ciwb bach fyddech chi eu hangen i wneud ciwb sydd yn 20 ciwb o led?

6. Lluniadwch decagon afreolaidd.

7. Beth ydy cyfanswm onglau mewnol hecsagon rheolaidd?

8. Oes gan rwyd prism hecsagonol fwy o fertigau na rhwyd prism heptagonol?

9. Sawl llinell cymesuredd sydd gan y llythrennau yn y gair 'MAWREDDOG' i gyd?

10. Pa siapiau fyddech chi eu hangen i wneud model 3D o brism heptagonol?

Gwers 1c

1. Lluniadwch ac enwch siâp 3D gyda mwy na 10 wyneb.

2. Sawl ongl sgwâr sydd yn y llun hwn?

3. Pa siapiau ydych chi'n eu cael os ydych chi'n torri trapesiwm yn bedair rhan?

4. Pa feintiau allai'r wyth ongl mewn octagon fod?

5. Sawl ciwb bach fyddech chi eu hangen i wneud ciwb sydd yn 25 ciwb o led?

6. Lluniadwch dodecagon afreolaidd.

7. Beth ydy cyfanswm onglau mewnol heptagon rheolaidd?

8. Oes gan rwyd prism heptagonol fwy o fertigau na rhwyd prism octagonol?

9. Sawl llinell cymesuredd sydd gan y llythrennau yn y gair 'CYMESUREDD' i gyd?

10. Pa siapiau fyddech chi eu hangen i wneud model 3D o brism octagonol?

Datblygu ymresymu rhifyddol : Adnabod prosesau a chysylltiadau

Gweithgaredd dosbarth cyfan

Pa bâr o rifau sydd yn rhoi swm o 165 a lluoswm o 6806?

Esboniwch sut fyddech chi'n gwneud y cyfrifiad hwn:

36 x 45

Ysgrifennwch esiampl i brofi'r datganiad hwn:

'Os adiwch chi'r holl onglau o fewn triongl mae'n rhoi cyfanswm o 180°.'

Gwers
2a

1. Pa 3 rhif allai adio i roi cyfanswm o 0.525?

. . . .

2. Esboniwch sut fyddech chi'n cyfrifo:

$\frac{5}{20}$ o 360

. . . .

3. Ysgrifennwch enghraifft sy'n cyd-fynd â'r datganiad hwn:

'Os ydych chi'n lluosi rhif gyda hanner mae'n gwneud y rhif ddwywaith yn llai.'

. . . .

4. Esboniwch sut y gallwch weithio allan nifer y dyddiau mewn unrhyw nifer o wythnosau. Ysgrifennwch fformiwla ar gyfer hyn.

. . . .

5. Ysgrifennwch enghraifft sy'n cyd-fynd â'r datganiad hwn:

'Os ydy 13.7 < ⬚ < 17.9 yna gall unrhyw rif rhwng 13.7 a 17.9 fynd i mewn i'r blwch.'

. . . .

6. Esboniwch sut fyddech chi'n cyfrifo:
10,010 − 9625

. . . .

7. Beth allai'r digidau fod yn y canlynol?
**6 ÷ ** = 38

. . . .

8. Ysgrifennwch fformiwla ar gyfer perimedr polygon rheolaidd lle mae hyd yr ochr yn 'h' a nifer yr ochrau yn 'n'. Beth ydy perimedr pentagon â hyd ei ochr yn 11cm?

. . . .

9. Ysgrifennwch enghraifft sy'n cyd-fynd â'r datganiad hwn:

'Os ydych chi eisiau lluosi rhif gyda 16, lluoswch e gyda 4 ddwywaith.'

. . . .

10. Esboniwch sut fyddech chi'n cyfrifo:

625 ÷ 25

Gwers 2b

1. Pa 3 rhif allai adio i 0.725?

• •

2. Esboniwch sut fyddech chi'n cyfrifo:

$\dfrac{5}{20}$ o 1360

• •

3. Ysgrifennwch enghraifft sy'n cyd-fynd â'r datganiad hwn:

'Os ydych chi'n lluosi rhif gyda chwarter mae'n gwneud y rhif bedair gwaith yn llai.'

• •

4. Esboniwch sut y gallwch weithio allan nifer y misoedd mewn unrhyw nifer o flynyddoedd. Ysgrifennwch fformiwla ar gyfer hyn.

• •

5. Ysgrifennwch enghraifft sy'n cyd-fynd â'r datganiad hwn:

'Os ydy 33.7 < ⬜ < 37.9 yna gall unrhyw rif rhwng 33.7 a 37.9 fynd i mewn i'r blwch.'

• •

6. Esboniwch sut fyddech chi'n cyfrifo:

20,010 − 15,625

• •

7. Beth allai'r digidau fod yn y canlynol?

***6 ÷ ** = 328

• •

8. Ysgrifennwch fformiwla ar gyfer perimedr polygon rheolaidd lle mae hyd yr ochr yn 'h' a nifer yr ochrau yn 'n'. Beth ydy perimedr hecsagon â hyd ei ochr yn 12cm?

• •

9. Ysgrifennwch enghraifft sy'n cyd-fynd â'r datganiad hwn:

'Os ydych chi eisiau lluosi rhif gyda 36, lluoswch e gyda 6 ddwywaith.'

• •

10. Esboniwch sut fyddech chi'n cyfrifo:

3125 ÷ 25

Gwers
2c

1. Pa 3 rhif allai adio i roi cyfanswm o 0.935?

• •

2. Esboniwch sut fyddech chi'n cyfrifo:

$$\frac{5}{20} \text{ o } 3360$$

• •

3. Ysgrifennwch enghraifft sy'n cyd-fynd â'r datganiad hwn:

'Os ydych chi'n lluosi rhif gyda thraean mae'n gwneud y rhif dair gwaith yn llai.'

• •

4. Esboniwch sut y gallwch weithio allan nifer y misoedd mewn unrhyw nifer o ddegawdau. Ysgrifennwch fformiwla ar gyfer hyn.

• •

5. Ysgrifennwch enghraifft sy'n cyd-fynd â'r datganiad hwn:

'Os ydy 333.7 < ☐ < 337.9 yna gall unrhyw rif rhwng 333.7 a 337.9 fynd i mewn i'r blwch.'

• •

6. Esboniwch sut fyddech chi'n cyfrifo:

28,010 – 14,625

• •

7. Beth allai'r digidau fod yn y canlynol?

****6 ÷ *** = 328

• •

8. Ysgrifennwch fformiwla ar gyfer perimedr polygon rheolaidd lle mae hyd yr ochr yn 'h' a nifer yr ochrau yn 'n'. Beth ydy perimedr pentagon â hyd ei ochr yn 36cm?

• •

9. Ysgrifennwch enghraifft sy'n cyd-fynd â'r datganiad hwn:

'Os ydych chi eisiau lluosi rhif gyda 64, lluoswch e gyda 8 ddwywaith.'

• •

10. Esboniwch sut fyddech chi'n cyfrifo:

30125 ÷ 25

Mae hwn yn un chwarter siâp, sut byddai'r holl siâp yn edrych?

Esboniwch sut i weithio allan arwynebedd triongl ongl-sgwâr.
Ysgrifennwch fformiwla i'w esbonio.

Cyfrwch y sgwariau:

www.brilliantpublications.co.uk   Gellir llungopïo'r dudalen hon gan y sefydliad sy'n prynu yn unig.

42   **Datrys Problemau Mathemateg – Blwyddyn 6**   © Catherine Yemm

1. Beth ydy cyfanswm yr onglau mewn pedrochr mewn graddau?

   •

2. Faint o'r gloch gallai hi fod os ydy bysedd cloc analog yn dangos ongl o 60°?

   •

3. Sawl llinell cymesuredd sydd gan heptagon?

   •

4. Tynnwch lun gyda 8 sgwâr gan ddefnyddio 6 sgwâr bach.

   •

5. Lluniadwch ac enwch siâp 3D a chanddo fwy na 10 ymyl.

   •

6. Pa siapiau fyddech chi eu hangen i wneud model 3D o byramid gwaelod-pentagon?

   •

7. Sawl petryal gwahanol siâp allwch chi eu gwneud gyda 24 ciwb?

   •

8. Enwch un ffordd mae hemisffer a sffêr yn wahanol.

   •

9. Mae gyda chi ddarn o bapur siâp sgwâr. Beth ydy'r nifer lleiaf o doriadau
   sydd yn rhaid i chi eu gwneud i droi'r sgwâr i fod yn bentagon?

   •

10. Torrwch ddiemwnt yn chwarteri. Pa siapiau gewch chi?

1. Beth ydy cyfanswm yr onglau mewn hecsagon mewn graddau?

· ·

2. Faint o'r gloch gallai hi fod os ydy bysedd cloc analog yn dangos ongl o 90°?

· ·

3. Sawl llinell cymesuredd sydd gan decagon?

· ·

4. Tynnwch lun gyda 18 sgwâr gan ddefnyddio llai na 12 sgwâr bach.

· ·

5. Lluniadwch ac enwch siâp 3D a chanddo fwy na 15 ymyl.

· ·

6. Pa siapiau fyddech chi eu hangen i wneud model 3D o byramid gwaelod-heptagon?

· ·

7. Sawl petryal gwahanol siâp allwch chi eu gwneud gyda 32 ciwb?

· ·

8. Enwch ddwy ffordd mae hemisffer a sffêr yn wahanol.

· ·

9. Mae gyda chi ddarn o bapur siâp sgwâr. Beth ydy'r nifer lleiaf o doriadau sydd yn rhaid i chi eu gwneud i droi'r sgwâr i fod yn octagon?

· ·

10. Torrwch ddiemwnt yn wyth darn. Pa siapiau gewch chi?

1. Beth ydy cyfanswm yr onglau mewn nonagon mewn graddau?

• •

2. Faint o'r gloch gallai hi fod os ydy bysedd cloc analog yn dangos ongl o 120°?

• •

3. Sawl llinell cymesuredd sydd gan dodecahedron?

• •

4. Tynnwch lun gyda mwy na 22 sgwâr gan ddefnyddio 16 sgwâr bach.

• •

5. Lluniadwch ac enwch siâp 3D a chanddo fwy na 20 ymyl.

• •

6. Pa siapiau fyddech chi eu hangen i wneud model 3D o byramid gwaelod-decagonol?

• •

7. Sawl petryal gwahanol siâp allwch chi eu gwneud gyda 64 ciwb?

• •

8. Enwch dair ffordd mae hemisffer a sffêr yn wahanol.

• •

9. Mae gyda chi ddarn o bapur siâp sgwâr. Beth ydy'r nifer lleiaf o doriadau sydd yn rhaid i chi eu gwneud i droi'r sgwâr i fod yn decagon?

• •

10. Torrwch ddiemwnt yn un deg chwech darn cyfartal. Pa siapiau gewch chi?

www.brilliantpublications.co.uk

Datrys Problemau Mathemateg – Blwyddyn 6

Datblygu ymresymu rhifyddol : Adnabod prosesau a chysylltiadau

Gweithgaredd dosbarth cyfan

Ysgrifennwch enghraifft sy'n ateb y cwestiwn hwn:

'Pa 5 rhif allai roi cyfanswm o 11.76?'

Os mai 3n + 2 ydy'r fformiwla, lle mae n yn dynodi safle rhif, beth allai'r 5 rhif nesaf ar ôl 5, 8 fod?

Esboniwch sut fyddech chi'n cyfrifo:

$\dfrac{3}{15}$ o 1258

Gwers
4a

1. Enwch 4 rhif 3-digid lle mae lluoswm y digidau yn 10.

•••

2. Esboniwch sut fyddech chi'n cyfrifo:

   12.5% o 500

•••

3. Ysgrifennwch enghraifft sydd yn cyd-fynd â'r datganiad hwn.

   'Mae adio dau luosrif o 11 bob amser yn rhoi ateb sydd yn luosrif o 11.'

•••

4. Os ydy un rhif cyfan wedi ei luosi gyda degolyn yn rhoi'r ateb 12.5, beth allai'r rhif a'r degolyn fod?

•••

5. Pa bum rhif allai roi cyfanswm o 12.38 i chi?

•••

6. Ysgrifennwch esiampl i brofi'r datganiad hwn:

   'Os ydych chi'n adio tri rhif dilynol, mae'r ateb bob amser dair gwaith yn fwy na'r ail rif.'

•••

7. Esboniwch sut fyddech chi'n cyfrifo:
   60 x 85

•••

8. Maint y sip sydd ei angen i drwsio côt sydd yn n centimedr o hyd ydy $2n + 1$.
   Pa hyd sip sydd ei angen ar gyfer côt sydd yn 30cm o hyd?

•••

9. Ysgrifennwch esiampl i brofi'r datganiad hwn:

   'Os oes gyda chi gromfachau mewn cyfrifiad, i gael yr ateb cywir, mae'n rhaid i chi weithio allan yr ateb tu mewn i'r cromfachau'n gyntaf.'

•••

10. Esboniwch sut fyddech chi'n cyfrifo:

    634 – 124

Gellir llungopïo'r dudalen hon gan y sefydliad sy'n prynu yn unig.

www.brilliantpublications.co.uk

© Catherine Yemm

Datrys Problemau Mathemateg – Blwyddyn 6   47

1. Enwch 4 rhif 3-digid lle mae lluoswm y digidau yn 28.

• •

2. Esboniwch sut fyddech chi'n cyfrifo:

12.5% o 5000

• •

3. Ysgrifennwch enghraifft sydd yn cyd-fynd â'r datganiad hwn.

'Mae adio dau luosrif o 15 bob amser yn rhoi ateb sydd yn luosrif o 15.'

• •

4. Os ydy un rhif cyfan wedi ei luosi gyda degolyn yn rhoi'r ateb 212.5, beth allai'r rhif a'r degolyn fod?

• •

5. Pa bum rhif allai roi cyfanswm o 2.38 i chi?

• •

6. Ysgrifennwch esiampl i brofi'r datganiad hwn:

'Os ydych chi'n adio pum rhif dilynol, mae'r ateb bob amser bum gwaith yn fwy na'r trydydd rhif.'

• •

7. Esboniwch sut fyddech chi'n cyfrifo:

600 x 85

• •

8. Maint y sip sydd ei angen i drwsio côt sydd yn n centimedr o hyd ydy $2n + 1$. Pa hyd sip sydd ei angen ar gyfer côt sydd yn 56.4cm o hyd?

• •

9. Ysgrifennwch esiampl i brofi'r datganiad hwn:

'Os oes gyda chi gromfachau mewn cyfrifiad, i gael yr ateb cywir, mae'n rhaid i chi weithio allan yr ateb tu mewn i'r cromfachau'n gyntaf.'

• •

10. Esboniwch sut fyddech chi'n cyfrifo:

634.5 – 424.6

© Catherine Yemm

Gwers
4c

1. Enwch 4 rhif 3-digid lle mae lluoswm y digidau yn 24.

• •

2. Esboniwch sut fyddech chi'n cyfrifo:

12.5% o 50,000

• •

3. Ysgrifennwch enghraifft sydd yn cyd-fynd â'r datganiad hwn.

'Mae adio dau luosrif o 18 bob amser yn rhoi ateb sydd yn luosrif o 18.'

• •

4. Os ydy un rhif cyfan wedi ei luosi gyda degolyn yn rhoi'r ateb 2212.5, beth allai'r rhif a'r degolyn fod?

• •

5. Pa bum rhif allai roi cyfanswm o 0.238 i chi?

• •

6. Ysgrifennwch esiampl i brofi'r datganiad hwn:

'Os ydych chi'n adio saith rhif dilynol, mae'r ateb bob amser saith gwaith yn fwy na'r pedwerydd rhif.'

• •

7. Esboniwch sut fyddech chi'n cyfrifo:

6000 x 85

• •

8. Maint y sip sydd ei angen i drwsio côt sydd yn **n** centimedr o hyd ydy 2**n** + 1.
Pa hyd sip sydd ei angen ar gyfer côt sydd yn 67.25cm o hyd?

• •

9. Ysgrifennwch esiampl i brofi'r datganiad hwn:

'Os oes gyda chi gromfachau mewn cyfrifiad, i gael yr ateb cywir, mae'n rhaid i chi weithio allan yr ateb tu mewn i'r cromfachau'n gyntaf.'

• •

10. Esboniwch sut fyddech chi'n cyfrifo:

6234.51 – 4124.63

© Catherine Yemm

www.brilliantpublications.co.uk

Datrys Problemau Mathemateg – Blwyddyn 6

Sawl ffordd wahanol gallwn ni rannu'r siâp hwn i hanneri hafal?

Os ydy hyd ochr heptagon yn 11.5cm, pa mor hir ydy perimedr yr heptagon?

Os mai un rhan o wyth siâp ydy hwn, sut gallai'r siâp cyfan edrych?

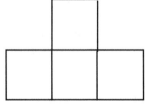

Gellir llungopio'r dudalen hon gan y sefydliad sy'n prynu yn unig.

© Catherine Yemm

1. Beth ydy'r enw am bolygon gyda 9 ochr?

· ·

2. Faint yn fwy o ochrau sydd gan octagon na phedrochr?

· ·

3. Beth ydy'r ongl rhwng bysedd y cloc pan mae hi'n 3 o'r gloch?

· ·

4. Os oes gan olwyn beic 5 sbocsen, sawl llinell cymesuredd sydd ganddi?

· ·

5. Enwch ddau siâp gallech chi eu rhoi mewn grŵp 'Gyda wyneb crwm'.

· ·

6. Lluniadwch siâp gyda 6 llinell cymesuredd.

· ·

7. Sawl ciwb fyddai arnoch chi eu hangen i wneud ciwboid sydd yn 8 ciwb o led, 4 ciwb o uchder a 10 ciwb o hyd?

· ·

8. Unwch ddau sgwâr a dau heptagon. Sawl ochr sydd gan y siâp newydd?

· ·

9. Torrwch octagon yn ei hanner. Pa siapiau sydd gyda chi nawr?

· ·

10. Dyma un hanner siâp. Sut gallai'r siâp edrych?

Gwers 5b

1. Beth ydy'r enw am bolygon gyda 11 ochr?

....

2. Faint yn fwy o ochrau sydd gan nonagon na phedrochr?

....

3. Beth ydy'r ongl rhwng bysedd y cloc pan mae hi'n 2 o'r gloch?

....

4. Os oes gan olwyn beic 10 sbocsen, sawl llinell cymesuredd sydd ganddi?

....

5. Enwch dri siâp gallech chi eu rhoi mewn grŵp 'Gyda wyneb crwm'.

....

6. Lluniadwch siâp rheolaidd gyda 8 llinell cymesuredd.

....

7. Sawl ciwb fyddai arnoch chi eu hangen i wneud ciwboid sydd yn 12 ciwb o led, 4 ciwb o uchder a 12 ciwb o hyd?

....

8. Unwch dri sgwâr a dau nonagon. Sawl ochr sydd gan y siâp newydd?

....

9. Torrwch octagon yn chwarteri. Pa siapiau sydd gyda chi nawr?

....

10. Dyma draean o siâp. Sut gallai'r siâp edrych?

www.brilliantpublications.co.uk

Gellir llungopïo'r dudalen hon gan y sefydliad sy'n prynu yn unig.

52   **Datrys Problemau Mathemateg – Blwyddyn 6**   © Catherine Yemm

Gwers 5C

1. Beth ydy'r enw am bolygon gyda 12 ochr?

· ·

2. Faint yn fwy o ochrau sydd gan dodecahedron na phedrochr?

· ·

3. Beth ydy'r ongl rhwng bysedd y cloc pan mae hi'n 5 o'r gloch?

· ·

4. Os oes gan olwyn beic 20 sbocsen, sawl llinell cymesuredd sydd ganddi?

· ·

5. Enwch bedwar siâp gallech chi eu rhoi mewn grŵp 'Gyda wyneb crwm'.

· ·

6. Lluniadwch siâp gyda 10 llinell cymesuredd.

· ·

7. Sawl ciwb fyddai arnoch chi eu hangen i wneud ciwboid sydd yn 16 ciwb o led, 3 ciwb o uchder a 18 ciwb o hyd?

· ·

8. Unwch ddau sgwâr, dau heptagon ac un decagon. Sawl ochr sydd gan y siâp newydd?

· ·

9. Torrwch octagon yn wythfedau. Pa siapiau sydd gyda chi nawr?

· ·

10. Dyma bumed o siâp. Sut gallai'r siâp edrych?

www.brilliantpublications.co.uk

Ysgrifennwch esiampl i brofi'r datganiad hwn:

'Dydy lluoswm dau rif ddim bob amser yn fwy na swm dau rif.'

Esboniwch sut fyddech chi'n cyfrifo:

$522 \div 9$

Ysgrifennwch fformiwla i ddisgrifio'r *n*fed term yn y dilyniant canlynol:

5, 10, 15, 20, 25

www.brilliantpublications.co.uk   Gellir llungopio'r dudalen hon gan y sefydliad sy'n prynu yn unig.

54   **Datrys Problemau Mathemateg – Blwyddyn 6**   © Catherine Yemm

1. Ysgifennwch esiampl i brofi'r datganiad hwn:

   'Os ydyn ni'n rhannu degolyn gyda 10, bydd pob digid yn symud un lle i'r dde.'

   ....

2. Esboniwch sut fyddech chi'n cyfrifo:

   22.5% o £2500

   ....

3. Ysgrifennwch esiampl i brofi'r datganiad hwn:

   'I rannu rhif â 50, rhannwch gyda 100 a lluoswch gyda 2.'

   ....

4. Enwch 3 rhif tri-digid lle mae swm y digidau yn 12.

   ....

5. Esboniwch sut fyddech chi'n cyfrifo:

   35 x 15

   ....

6. Ysgrifennwch fformiwla i gyfrifo cost *n* afal sy'n costio 23c yr un.

   ....

7. Esboniwch sut fyddech chi'n cyfrifo:

   8569 + 8926

   ....

8. Mae un rhif cyfan wedi ei rannu ag un arall yn rhoi'r ateb 19.6. Beth allai'r ddau rif cyfan fod?

   ....

9. Ysgrifennwch esiampl i brofi'r datganiad hwn:

   'Mae lluosrif o 20 bob amser yn luosrif o 5 a 10'.

   ....

10. Os ydy 3A + 4B = 84, pa rifau allai A a B eu cynrychioli?

Gwers 6b

1. Ysgrifennwch esiampl i brofi'r datganiad hwn:
   'Os ydyn ni'n rhannu degolyn gyda 100, bydd pob digid yn symud dau le i'r dde.'

   •

2. Esboniwch sut fyddech chi'n cyfrifo:

   22.5% o £25,000

   •

3. Ysgrifennwch esiampl i brofi'r datganiad hwn:

   'I rannu rhif â 25, rhannwch gyda 100 a lluoswch gyda 4.'

   •

4. Enwch 3 rhif tri-digid lle mae swm y digidau yn 15.

   •

5. Esboniwch sut fyddech chi'n cyfrifo:

   52 x 15

   •

6. Ysgrifennwch fformiwla i gyfrifo cost *n* afal sy'n costio 32c yr un.

   •

7. Esboniwch sut fyddech chi'n cyfrifo:

   13 569 + 13 926

   •

8. Mae un rhif cyfan wedi ei rannu ag un arall yn rhoi'r ateb 39.6. Beth allai'r ddau rif cyfan fod?

   •

9. Ysgrifennwch esiampl i brofi'r datganiad hwn:

   'Mae lluosrif o 50 bob amser yn luosrif o 25 a 10'.

   •

10. Os ydy 3A + 4B = 127, pa rifau allai A a B eu cynrychioli?

Gwers
6C

1. Ysgrifennwch esiampl i brofi'r datganiad hwn:

   'Os ydyn ni'n rhannu degolyn gyda 1000, bydd pob digid yn symud tri lle i'r dde.'

   •

2. Esboniwch sut fyddech chi'n cyfrifo:

   22.5% o £250,000

   •

3. Ysgrifennwch esiampl i brofi'r datganiad hwn:

   'I rannu rhif â 20, rhannwch gyda 100 a lluoswch gyda 5.'

   •

4. Enwch 3 rhif tri-digid lle mae swm y digidau yn 18.

   •

5. Esboniwch sut fyddech chi'n cyfrifo:

   64 x 15

   •

6. Ysgrifennwch fformiwla i gyfrifo cost **n** afal sy'n costio 64c yr un.

   •

7. Esboniwch sut fyddech chi'n cyfrifo:

   21 569 + 21 926

   •

8. Mae un rhif cyfan wedi ei rannu ag un arall yn rhoi'r ateb 59.6. Beth allai'r ddau rif cyfan fod?

   •

9. Ysgrifennwch esiampl i brofi'r datganiad hwn:

   'Mae lluosrif o 100 bob amser yn luosrif o 25 a 10'.

   •

10. Os ydy 3A + 4B = 1270, pa rifau allai A a B eu cynrychioli?

Defnyddio sgiliau rhif

Y llynedd roedd gan y llyfrgell leol 8560 aelod. Eleni mae 4436 o aelodau newydd wedi ymuno. Faint o aelodau sydd gan y llyfrgell nawr?

Mae angen 7.5kg o glai modelu ar Miss Lynn i wneud mygydau gyda'r dosbarth. Mae ganddi 2750g yn barod. Faint yn fwy o gilogramau mae ei angen arni?

Cwblhaodd Amanda triathlon. Nofiodd 5km a 33 metrau, seiclodd 4.2km a rhedodd 15.8 o gilometrau. Sawl metr deithiodd hi yn gyfan gwbl?

Datrys Problemau Mathemateg – Blwyddyn 6

1. Os oes 1.49 ewro i £1, faint fydd hi'n costio mewn £oedd i fynd ar daith bysgota o amgylch Sbaen os ydy'r daith yn costio 198 ewro?

2. Mae potyn bach o lud yn dal 400ml o lud. Os ydy potyn mawr yn dal 8.4 litr, sawl potyn bach fydd potyn mawr o lud yn ei lenwi?

3. Gofynwyd i Jade a Seren rannu 360 creon a'u rhoi mewn 18 bag. Sawl creon fydd ym mhob bag? Mae Ellie yn codi 8 bag. Sawl creon sydd ganddi?

4. Mae gan Mr Gruffydd beiriant gwneud bara sydd yn coginio pwysau gwahanol o fara am amseroedd gwahanol. Os ydy e'n coginio'r bara am 20 munud i bob 100g o flawd, am faint o amser bydd torth o fara wedi ei gwneud â ½ kg o flawd yn coginio?

5. Mae yna 145 o lyfrau yn y llyfrgell. Mae dwy ran o bump ohonyn nhw allan ar fenthyg. Faint o lyfrau sydd yn dal yn y llyfrgell?

6. Beth ydy arwynebedd llawr cegin yr ysgol os ydy e'n 20 teilsen o led a 30 teilsen o hyd ac mae pob teilsen yn mesur 10cm x 10cm?

7. Cost beic newydd cyn TAW ydy £35.50. Beth fydd cyfanswm pris y beic wedi i TAW o 20.0% gael ei ychwanegu ato?

8. Mae'r ysgol leol yn cynnal sioe ffasiwn i godi arian at elusen. Mae 673 tocyn wedi eu gwerthu am £4.25 yr un. Faint o arian sydd wedi cael ei godi ar gyfer yr elusen?

9. Mae gan iard chwarae yr ysgol arwynebedd o 80m². Dydy'r iard ddim yn siâp petryal na sgwâr. Pa siâp allai hi fod? Beth allai ei pherimedr fod?

10. Prynodd Mr Davies 42.3kg o bridd i roi yn ei ardd. Mae ganddo 1460g o bridd dros ben. Faint o bridd mae e wedi ei roi ar ei ardd?

© Catherine Yemm

Gwers 1b

1. Os oes 1.49 ewro i £1, faint fydd hi'n costio mewn £oedd i fynd ar daith bysgota o amgylch Sbaen os ydy'r daith yn costio 398 ewro?

2. Mae potyn bach o lud yn dal 400ml o lud. Os ydy potyn mawr yn dal 16.4 litr, sawl potyn bach fydd potyn mawr o lud yn ei lenwi?

3. Gofynnwyd i Jade a Seren rannu 1080 creon a'u rhoi mewn 18 bag. Sawl creon fydd ym mhob bag? Mae Ellie yn codi 8 bag. Sawl creon sydd ganddi?

4. Mae gan Mr Gruffydd beiriant gwneud bara sydd yn coginio pwysau gwahanol o fara am amseroedd gwahanol. Os ydy e'n coginio'r bara am 20 munud i bob 100g o flawd, am faint o amser bydd torth o fara wedi ei gwneud â ¼ kg o flawd yn coginio?

5. Mae yna 345 o lyfrau yn y llyfrgell. Mae dwy ran o bump ohonyn nhw allan ar fenthyg. Faint o lyfrau sydd yn dal yn y llyfrgell?

6. Beth ydy arwynebedd llawr cegin yr ysgol os ydy e'n 30 teilsen o led a 40 teilsen o hyd ac mae pob teilsen yn mesur 10cm x 10cm?

7. Cost beic newydd cyn TAW ydy £75.95. Beth fydd cyfanswm pris y beic wedi i TAW o 20.0% gael ei ychwanegu ato?

8. Mae'r ysgol leol yn cynnal sioe ffasiwn i godi arian at elusen. Mae 1673 tocyn wedi eu gwerth am £4.25 yr un. Faint o arian sydd wedi cael ei godi ar gyfer yr elusen?

9. Mae gan iard chwarae yr ysgol arwynebedd o 120m². Dydy'r iard ddim yn siâp petryal na sgwâr. Pa siâp allai hi fod? Beth allai ei pherimedr fod?

10. Prynodd Mr Davies 42.3kg o bridd i roi yn ei ardd. Mae ganddo 8460g o bridd dros ben. Faint o bridd mae e wedi ei roi ar ei ardd?

Gwers 1C

1. Os oes 1.49 ewro i £1, faint fydd hi'n costio mewn £oedd i fynd ar daith bysgota o amgylch Sbaen os ydy'r daith yn costio 498 ewro?

2. Mae potyn bach o lud yn dal 400ml o lud. Os ydy potyn mawr yn dal 32.4 litr, sawl potyn bach fydd potyn mawr o lud yn ei lenwi?

3. Gofynwyd i Jade a Seren rannu 2214 creon a'u rhoi mewn 18 bag. Sawl creon fydd ym mhob bag? Mae Ellie yn codi 8 bag. Sawl creon sydd ganddi?

4. Mae gan Mr Gruffydd peiriant gwneud bara sydd yn coginio pwysau gwahanol o fara am amseroedd gwahanol. Os ydy e'n coginio'r bara am 20 munud i bob 100g o flawd, am faint o amser bydd torth o fara wedi ei gwneud â $^2/_5$ kg o flawd yn coginio?

5. Mae yna 545 o lyfrau yn y llyfrgell. Mae dwy ran o bump ohonyn nhw allan ar fenthyg. Faint o lyfrau sydd yn dal yn y llyfrgell?

6. Beth ydy arwynebedd llawr cegin yr ysgol os ydy e'n 40 teilsen o led a 50 teilsen o hyd ac mae pob teilsen yn mesur 10cm x 10cm?

7. Cost beic newydd cyn TAW ydy £175.95. Beth fydd cyfanswm pris y beic wedi i TAW o 20.0% gael ei ychwanegu ato?

8. Mae'r ysgol leol yn cynnal sioe ffasiwn i godi arian at elusen. Mae 2673 tocyn wedi eu gwerth am £4.25 yr un. Faint o arian sydd wedi cael ei godi ar gyfer yr elusen?

9. Mae gan iard chwarae yr ysgol arwynebedd o 220m². Dydy'r iard ddim yn siâp petryal na sgwâr. Pa siâp allai hi fod? Beth allai ei pherimedr fod?

10. Prynodd Mr Davies 62.3kg o bridd i roi yn ei ardd. Mae ganddo 2460g o bridd dros ben. Faint o bridd mae e wedi ei roi ar ei ardd?

Gellir llungopïo'r dudalen hon gan y sefydliad sy'n prynu yn unig.

© Catherine Yemm

www.brilliantpublications.co.uk

Datrys Problemau Mathemateg – Blwyddyn 6   61

Mae Rosie wedi gwneud bocs sydd yn mesur 20cm o led, 5cm o hyd a 30cm o uchder. Beth fyddai arwynebedd y bapur lapio bydd arni ei angen i orchuddio'r bocs?

Dw i'n meddwl am rif. Dw i'n adio 4.8 a lluosi â 6. Yr ateb ydy 34.2. Beth oedd fy rhif?

Mae'r amser yn Efrog Newydd 5 awr ar ôl yr amser yn Llundain. Os ydy hi'n 12.17pm yn Llundain, faint o'r gloch fydd hi yn Efrog Newydd mewn 8½ awr?

1. Mae'r parc lleol yn 21 metr o hyd a 10 metr o led. Mae'r cyngor eisiau rhoi arwynebedd meddal ar draean o'r parc. Beth fydd maint yr arwynebedd sydd yn dal i gael ei orchuddio gan laswellt?

2. Mae gan Ddosbarth 6 sinc sydd yn dal 4.2 litr o ddŵr. Mae gan Ddosbarth 5 sinc sydd yn dal dwywaith a hanner hyn. Faint o ddŵr all sinc Dosbarth 5 ei ddal?

3. Cost pacedi o greision yn y siop leol ydy 16c yr un. Maen nhw'n cael eu pacio mewn bocsys o 50. Os ydy'r siopwr yn gwerthu 2 focs, faint o arian bydd e wedi ei wneud?

4. Mae'r ysgol wedi gwerthu 138 o docynnau i'w chyngerdd. Mae'r gofalwr yn gallu ffitio 45 gadair mewn un rhes. Os ydy'r gofalwr ond yn trefnu rhesi cyfan o gadeiriau, sawl rhes fydd? Sawl cadair fydd ddim yn cael ei defnyddio?

5. Mae Anna eisiau prynu gwisg newydd. Roedd y wisg yn £30.00 ond mae hi yn y sêl gyda 15% i ffwrdd. Faint fydd y wisg yn gostio yn y sêl?

6. Mae bag losin Bethan yn pwyso 2lb. Mae bag losin Caitlin yn pwyso 2kg. Gan bwy mae'r mwyaf o losin? O faint?

7. Mae Mrs Nelson yn torri darnau hir o raff fel y gall y plant yn ei dosbarth gael darn yr un i ymarfer gwneud clymau. Mae ei rhaff yn 10.20 metr o hyd ac mae 34 o blant yn y dosbarth. Faint o raff fydd gan bob plentyn?

8. Mae Victoria newydd fod ar ei gwyliau yn Awstralia. Aeth hi â £45 gyda hi i wario ond dim ond £12.50 wariodd hi. Os mai'r raddfa gyfnewid ydy £1 i 2.5 doler Awstralaidd, faint o ddoleri Awstralaidd ddaeth hi adref gyda hi?

9. Mae Caleb yn helpu i drefnu cwpwrdd chwaraeon yr ysgol. Mae'n gallu ffitio 32 pêl tennis mewn bocs. Mae gan yr ysgol 256 pêl tennis. Faint o focsys fydd arno eu hangen?

10. Mae Mr Jessop, gofalwr yr ysgol, yn archebu deunydd ffens newydd i fynd o amgylch cae'r ysgol. Lled y cae ydy 24.6 metr. Mae hyd y cae ddwywaith hynny. Rhag ofn iddo niweidio peth o'r ffens wrth iddo weithio arni, mae'n rhaid iddo archebu 5% yn ychwanegol. Faint o ffens fydd rhaid i Mr Jessop ei harchebu?

Defnyddio sgiliau rhif

1. Mae'r parc lleol yn 45 metr o hyd a 20 metr o led. Mae'r cyngor eisiau rhoi arwynebedd meddal ar draean o'r parc. Beth fydd maint yr arwynebedd sydd yn dal i gael ei orchuddio gan laswellt?

• •

2. Mae gan Ddosbarth 6 sinc sydd yn dal 4.2 litr o ddŵr. Mae gan Ddosbarth 5 sinc sydd yn dal deirgwaith a hanner hyn. Faint o ddŵr all sinc Dosbarth 5 ei ddal?

• •

3. Cost pacedi o greision yn y siop leol ydy 26c yr un. Maen nhw'n cael eu pacio mewn bocsys o 50. Os ydy'r siopwr yn gwerthu 2 focs, faint o arian bydd e wedi ei wneud?

• •

4. Mae'r ysgol wedi gwerthu 438 o docynnau i'w chyngerdd. Mae'r gofalwr yn gallu ffitio 45 gadair mewn un rhes. Os ydy'r gofalwr ond yn trefnu rhesi cyfan o gadeiriau, sawl rhes fydd? Sawl cadair fydd ddim yn cael ei defnyddio?

• •

5. Mae Anna eisiau prynu gwisg newydd. Roedd y wisg yn £23.00 ond mae hi yn y sêl gyda 15% i ffwrdd. Faint fydd y wisg yn gostio yn y sêl?

• •

6. Mae bag losin Bethan yn pwyso 3lb. Mae bag losin Caitlin yn pwyso 3kg. Gan bwy mae'r mwyaf o losin? O faint?

• •

7. Mae Mrs Nelson yn torri darnau hir o raff fel y gall y plant yn ei dosbarth gael darn yr un i ymarfer gwneud clymau. Mae ei rhaff yn 11.05 metr o hyd ac mae 34 o blant yn y dosbarth. Faint o raff fydd gan bob plentyn?

• •

8. Mae Victoria newydd fod ar ei gwyliau yn Awstralia. Aeth hi â £55 gyda hi i wario ond dim ond £22.50 wariodd hi. Os mai'r raddfa gyfnewid ydy £1 i 2.5 doler Awstralaidd, faint o ddoleri Awstralaidd ddaeth hi adref gyda hi?

• •

9. Mae Caleb yn helpu i drefnu cwpwrdd chwaraeon yr ysgol. Mae'n gallu ffitio 32 pêl tennis mewn bocs. Mae gan yr ysgol 544 pêl tennis. Faint o focsys fydd arno eu hangen?

• •

10. Mae Mr Jessop, gofalwr yr ysgol, yn archebu deunydd ffens newydd i fynd o amgylch cae'r ysgol. Lled y cae ydy 34.6 metr. Mae hyd y cae ddwywaith hynny. Rhag ofn iddo niweidio peth o'r ffens wrth iddo weithio arni, mae'n rhaid iddo archebu 5% yn ychwanegol. Faint o ffens fydd rhaid i Mr Jessop ei harchebu?

www.brilliantpublications.co.uk · Gellir llungopïo'r dudalen hon gan y sefydliad sy'n prynu yn unig.

64 **Datrys Problemau Mathemateg – Blwyddyn 6** © Catherine Yemm

1. Mae'r parc lleol yn 65 metr o hyd a 20 metr o led. Mae'r cyngor eisiau rhoi arwynebedd meddal ar draean o'r parc. Beth fydd maint yr arwynebedd sydd yn dal i gael ei orchuddio gan laswellt?

2. Mae gan Ddosbarth 6 sinc sydd yn dal 8.2 litr o ddŵr. Mae gan Ddosbarth 5 sinc sydd yn dal dwywaith a hanner hyn. Faint o ddŵr all sinc Dosbarth 5 ei ddal?

3. Cost pacedi o greision yn y siop leol ydy 46c yr un. Maen nhw'n cael eu pacio mewn bocsys o 50. Os ydy'r siopwr yn gwerthu 2 focs, faint o arian bydd e wedi ei wneud?

4. Mae'r ysgol wedi gwerthu 738 o docynnau i'w chyngerdd. Mae'r gofalwr yn gallu ffitio 45 gadair mewn un rhes. Os ydy'r gofalwr ond yn trefnu rhesi cyfan o gadeiriau, sawl rhes fydd? Sawl cadair fydd ddim yn cael ei defnyddio?

5. Mae Anna eisiau prynu gwisg newydd. Roedd y wisg yn £43.00 ond mae hi yn y sêl gyda 15% i ffwrdd. Faint fydd y wisg yn gostio yn y sêl?

6. Mae bag losin Bethan yn pwyso 4lb. Mae bag losin Caitlin yn pwyso 4kg. Gan bwy mae'r mwyaf o losin? O faint?

7. Mae Mrs Nelson yn torri darnau hir o raff fel y gall y plant yn ei dosbarth gael darn yr un i ymarfer gwneud clymau. Mae ei rhaff yn 20.40 metr o hyd ac mae 34 o blant yn y dosbarth. Faint o raff fydd gan bob plentyn?

8. Mae Victoria newydd fod ar ei gwyliau yn Awstralia. Aeth hi â £75 gyda hi i wario ond dim ond £42.50 wariodd hi. Os mai'r raddfa gyfnewid ydy £1 i 2.5 doler Awstralaidd, faint o ddoleri Awstralaidd ddaeth hi adref gyda hi?

9. Mae Caleb yn helpu i drefnu cwpwrdd chwaraeon yr ysgol. Mae'n gallu ffitio 32 pêl tennis mewn bocs. Mae gan yr ysgol 960 pêl tennis. Faint o focsys fydd arno eu hangen?

10. Mae Mr Jessop, gofalwr yr ysgol, yn archebu deunydd ffens newydd i fynd o amgylch cae'r ysgol. Lled y cae ydy 54.6 metr. Mae hyd y cae ddwywaith hynny. Rhag ofn iddo niweidio peth o'r ffens wrth iddo weithio arni, mae'n rhaid iddo archebu 5% yn ychwanegol. Faint o ffens fydd rhaid i Mr Jessop ei harchebu?

www.brilliantpublications.co.uk

Defnyddio sgiliau rhif

Costau'r ganolfan hamdden leol ar gyfer nofio ydy £1.25, £1.85 ar gyfer badminton a £1.95 ar gyfer tennis. Mae Gina yn gwneud dau weithgaredd ac mae ganddi £6.20 o newid allan o £10. Pa 2 weithgaredd mae hi'n eu gwneud?

Mae Dosbarthiadau 3, 4, 5 a 6 yn mynd ar daith ysgol gyda'i gilydd. Mae 38 o blant ym mhob dosbarth ac mae 6 oedolyn yn mynd gyda phob dosbarth. Mae gan fws ysgol 52 sedd. Sawl bws fydd ei angen i fynd â'r plant? Faint o seddi gwag fydd?

Mae 80 rupee Indiaidd i'r bunt. Beth fyddai pris tŷ yn India sydd yn costio 3,600,000 rupee mewn £oedd?

www.brilliantpublications.co.uk   Gellir llungopïo'r dudalen hon gan y sefydliad sy'n prynu yn unig.

66   **Datrys Problemau Mathemateg – Blwyddyn 6**   © Catherine Yemm

1. Yn ei pharti pen-blwydd rhoddodd mam Hannah chwarter ei theisen i'r oedolion a phedwar rhan o ddeg o'r deisen i'r bechgyn. Faint o'r deisen oedd ar ôl i'r merched?

2. Rhoddodd Mrs Thomson 288 tocyn raffl i'w dosbarth a gofynodd hi iddyn nhw eu rhannu yn lyfrau o 18. Sawl llyfr o docynnau raffl fydd ganddyn nhw i'w gwerthu yn niwrnod agored yr ysgol?

3. Mae cwmni gwerthu tyweirch wedi rhoi 24m^2 o dyweirch i'r ysgol feithrin leol. Pa mor hir a llydan fyddai'n rhaid i'w darn o dir mwdlyd fod iddyn nhw allu defnyddio'r tyweirch i gyd?

4. Mae Gwen wedi danfon anrheg pen-blwydd at ei ffrind. Roedd un o'r anrhegion o fewn y parsel yn pwyso 1.2kg, a'r llall yn pwyso 4.35kg. Roedd y papur lapio yn pwyso 500g ac roedd y cortyn yn pwyso 20g. Faint oedd y parsel cyfan yn pwyso?

5. Mae lle i 156 o wylwyr i eistedd yn y cae pêl-droed lleol. Mae'r cyngor wedi ychwanegu standiau felly mae 25% yn fwy o le i'r dilynwyr. Faint o bobl fydd yn gallu eistedd yn y cae pêl-droed nawr?

6. Mae'r plant yn nosbarth 6 yn cael ras falwod. Mae tair malwoden yn y ras. Mae malwoden A yn teithio 13.1cm. Mae malwoden B yn teithio 14.7cm. Mae malwoden C yn teithio 19.6cm. Faint yn fwy o gentimedrau fyddai'n rhaid iddyn nhw deithio os oedden nhw i deithio metr?

7. Mae hi'n dechrau bwrw glaw ar y 1af o Fedi ac mae'r glawiad yn 25mm. Os ydy hi'n bwrw glaw am y bythefnos nesaf ac mae'r glawiad yn cynyddu o 2mm bob dydd, faint o law fydd wedi disgyn erbyn diwedd y bythefnos?

8. Mae gan Joel 3 hoff ffilm. Mae'r gyntaf yn 1 awr a 5 munud o hyd; mae'r ail yn 1 munud yn hirach na'r gyntaf ac mae'r drydedd yn 10 munud yn hirach na'r ail un. Mae e'n dechrau gwylio'r ffilmiau am 3.00 pm ac yn gwylio'r dair un ar ôl y llall gyda 10 munud o doriad rhyngddyn nhw. Faint o'r gloch mae e'n gorffen gwylio'r ffilmiau?

9. Yn y siop anifeiliaid anwes leol mae 48 anifail. Mae dwy ran o dair ohonyn nhw yn famaliaid, 4 yn ymlusgiaid a'u chwarter yn adar. Faint o'r anifeiliaid sydd ddim yn famaliaid, ymlusgiaid nac adar?

10. Mae gan y trac athletau yn y cae chwaraeon lleol berimedr o 120m. Os ydy Joseff yn rhedeg o amgylch hwn 17 gwaith, sawl cilometr fydd e wedi'i redeg?

Datrys Problemau Mathemateg – Blwyddyn 6

Defnyddio sgiliau rhif

1. Yn ei pharti pen-blwydd rhoddodd mam Hannah chwarter ei theisen i'r oedolion, pedwar rhan o ddeg o'r deisen i'r bechgyn a dwy ran o wyth o'r deisen i'r merched. Faint o'r deisen oedd ar ôl?

2. Rhoddodd Mrs Thomson 576 tocyn raffl i'w dosbarth a gofynodd hi iddyn nhw eu rhannu nhw yn lyfrau o 18. Sawl llyfr o docynnau raffl fydd ganddyn nhw i'w gwerthu yn niwrnod agored yr ysgol?

3. Mae cwmni gwerthu tyweirch wedi rhoi 36m² o dyweirch i'r ysgol feithrin leol. Pa mor hir a llydan fyddai'n rhaid i'w darn o dir mwdlyd fod iddyn nhw allu defnyddio'r tyweirch i gyd?

4. Mae Gwen wedi danfon anrheg pen-blwydd at ei ffrind. Roedd un o'r anrhegion o fewn y parsel yn pwyso 3.2kg, a'r llall yn pwyso 6.35kg. Roedd y papur lapio yn pwyso 500g ac roedd y cortyn yn pwyso 20g. Faint oedd y parsel cyfan yn pwyso?

5. Mae lle i 256 o wylwyr i eistedd yn y cae pêl-droed lleol. Mae'r cyngor wedi ychwanegu standiau felly mae 25% yn fwy o le i'r dilynwyr. Faint o bobl fydd yn gallu eistedd yn y cae pêl-droed nawr?

6. Mae'r plant yn nosbarth 6 yn cae ras falwod. Mae tair malwoden yn y ras. Mae malwoden A yn teithio 30.1cm. Mae malwoden B yn teithio 24.7cm. Mae malwoden C yn teithio 29.6cm. Faint yn fwy o gentimedrau fyddai'n rhaid iddyn nhw deithio os oedden nhw i deithio metr?

7. Mae hi'n dechrau bwrw glaw ar y 1af o Fedi ac mae'r glawiad yn 25mm. Os ydy hi'n bwrw glaw am y bythefnos nesaf ac mae'r glawiad yn cynyddu o 4mm bob dydd, faint o law fydd wedi disgyn erbyn diwedd y bythefnos?

8. Mae gan Joel 3 hoff ffilm. Mae'r gyntaf yn 1 awr a 15 munud o hyd; mae'r ail yn 2 munud yn hirach na'r gyntaf ac mae'r drydedd yn 20 munud yn hirach na'r ail un. Mae e'n dechrau gwylio'r ffilmiau am 3.00 pm ac yn gwylio'r dair un ar ôl y llall gyda 10 munud o doriad rhyngddyn nhw. Faint o'r gloch mae e'n gorffen gwylio'r ffilmiau?

9. Yn y siop anifeiliaid anwes leol mae 108 anifail. Mae dwy ran o dair ohonyn nhw yn famaliaid, 4 yn ymlusgiaid a'u chwarter yn adar. Faint o'r anifeiliaid sydd ddim yn famaliaid, ymlusgiaid nac adar?

10. Mae gan y trac athletau yn y cae chwaraeon lleol berimedr o 120m. Os ydy Joseff yn rhedeg o amgylch hwn 19 gwaith, sawl cilometr fydd e wedi'i redeg?

1. Yn ei pharti pen-blwydd rhoddodd mam Hannah dair rhan o ddeuddeg o'i theisen i'r oedolion, pedwar rhan o ddeg o'r deisen i'r bechgyn a dwy ran o wyth o'r deisen i'r merched. Faint o'r deisen oedd ar ôl?

• •

2. Rhoddodd Mrs Thomson 1152 tocyn raffl i'w dosbarth a gofynodd hi iddyn nhw eu rhannu nhw yn lyfrau o 18. Sawl llyfr o docynnau raffl fydd ganddyn nhw i'w gwerthu yn niwrnod agored yr ysgol?

• •

3. Mae cwmni gwerthu tyweirch wedi rhoi 54m² o dyweirch i'r ysgol feithrin leol. Pa mor hir a llydan fyddai'n rhaid i'w darn o dir mwdlyd fod iddyn nhw allu defnyddio'r tyweirch i gyd?

• •

4. Mae Gwen wedi danfon anrheg pen-blwydd at ei ffrind. Roedd un o'r anrhegion o fewn y parsel yn pwyso 13.2kg, a'r llall yn pwyso 16.35kg. Roedd y papur lapio yn pwyso 500g ac roedd y cortyn yn pwyso 20g. Faint oedd y parsel cyfan yn pwyso?

• •

5. Mae lle i 512 o wylwyr i eistedd yn y cae pêl-droed lleol. Mae'r cyngor wedi ychwanegu standiau felly mae 25% yn fwy o le i'r dilynwyr. Faint o bobl fydd yn gallu eistedd yn y cae pêl-droed nawr?

• •

6. Mae'r plant yn nosbarth 6 yn cael ras falwod. Mae tair malwoden yn y ras. Mae malwoden A yn teithio 40.1cm. Mae malwoden B yn teithio 44.7cm. Mae malwoden C yn teithio 49.6cm. Faint yn fwy o gentimedrau fyddai'n rhaid iddyn nhw deithio os oedden nhw i deithio metr?

• •

7. Mae hi'n dechrau bwrw glaw ar y 1af o Fedi ac mae'r glawiad yn 25mm. Os ydy hi'n bwrw glaw am y bythefnos nesaf ac mae'r glawiad yn cynyddu o 7mm bob dydd, faint o law fydd wedi disgyn erbyn diwedd y bythefnos?

• •

8. Mae gan Joel 3 hoff ffilm. Mae'r gyntaf yn 1 awr a 27 munud o hyd; mae'r ail yn 4 munud yn hirach na'r gyntaf ac mae'r drydedd yn 14 munud yn hirach na'r ail un. Mae e'n dechrau gwylio'r ffilmiau am 3.00 pm ac yn gwylio'r dair un ar ôl y llall gyda 18 munud o doriad rhyngddyn nhw. Faint o'r gloch mae e'n gorffen gwylio'r ffilmiau?

• •

9. Yn y siop anifeiliaid anwes leol mae 204 anifail. Mae dwy ran o dair ohonyn nhw yn famaliaid, 4 yn ymlusgiaid a'u chwarter yn adar. Faint o'r anifeiliaid sydd ddim yn famaliaid, ymlusgiaid nac adar?

• •

10. Mae gan y trac athletau yn y cae chwaraeon lleol berimedr o 120m. Os ydy Joseff yn rhedeg o amgylch hwn 21 gwaith, sawl cilometr fydd e wedi'i redeg?

www.brilliantpublications.co.uk

Defnyddio sgiliau rhif

Mae tad Jamie yn gwerthu ei gar trwy werthwr ceir. Mae'r gwerthwr yn cymryd 3% o'r pris gwerthu fel tâl am ei waith. Os ydy car tad Jamie yn cael ei werthu am £8275, faint o arian bydd y gwerthwr car yn ei wneud?

Mae dwy ran i ddosbarth Blwyddyn 6. Mae'r rhan 'wlyb' yn mesur 3 metr wrth 6 metr ac mae'r rhan wedi ei charpedu yn mesur 8 metr wrth 12 metr. Beth ydy arwynebedd y dosbarth?

Mae'r ysgol uwchradd leol yn derbyn plant o saith ysgol gynradd. Eleni, mae 467 o blant newydd yn cael eu derbyn i'r ysgol uwchradd. Faint o blant ar gyfartaledd sydd yn dod o bob ysgol gynradd?

www.brilliantpublications.co.uk　　Gellir llungopio'r dudalen hon gan y sefydliad sy'n prynu yn unig.

70　**Datrys Problemau Mathemateg – Blwyddyn 6**　　© Catherine Yemm

1. Mae ffreutur yr ysgol wedi archebu 1.4 litr o ddiod ffrwythau. I wneud un cwpanaid o ddiod mae'n rhaid cymysgu 50ml o ddiod ffrwythau gyda 150ml o ddŵr. Sawl cwpanaid o ddiod ffrwythau allen nhw wneud? Sawl litr o ddŵr fyddan nhw'n ei ddefnyddio?

2. Mae'r ysgol wedi ennill cystadleuaeth ac wedi derbyn gwobr o £246 i wario ar adnoddau dosbarth. Mae 6 dosbarth yn yr ysgol. Faint fydd gan bob dosbarth i'w wario?

3. Mae gan lyfrgell yr ysgol 6 eil. Mae gan bob eil 8 silff ac mae pob silff yn dal 20 llyfr. Sawl llyfr sydd yn y llyfrgell?

4. Yn Ffrainc, mae llyfr yn costio 5.88 ewro. Mae'r un llyfr yn costio £4 ym Mhrydain. Beth ydy'r raddfa gyfnewid?

5. Mae Sara yn ymarfer rhedeg. Ddydd Llun, mae hi'n gallu rhedeg 400 metr mewn 2 funud a 40 eiliad. Bob dydd, am weddill yr wythnos mae hi'n cyflymu o ddegfed rhan o funud. Pa mor gyflym bydd hi'n gallu rhedeg erbyn Dydd Gwener?

6. Mae 2.54cm i'r fodfedd. Beth ydy maint y byrddau yn y dosbarth mewn centimedrau os ydyn nhw'n 15 modfedd o hyd?

7. Mae bocs o lyfrau'n pwyso 36kg. Mae'r llyfrau yn y bocs i gyd tua'r un maint a siâp. Os oes 12 llyfr yn y bocs faint mae pob llyfr yn ei bwyso ar gyfartaledd?

8. Cynhaliodd Dosbarth 6 arolwg a chanfyddon nhw bod y 35 disgybl yn y dosbarth yn gwylio 188 awr o deledu yr wythnos rhyngddyn nhw. Faint o oriau yr wythnos mae pob disgybl yn ei dreulio'n gwylio'r teledu ar gyfartaledd?

9. Dw i'n meddwl am rif ac yn adio 7.25 a lluosi â 5. Yr ateb ydy 88.75. Beth oedd fy rhif?

10. Mae'r parc lleol yn 14m o led a 12m o hyd. Mae'r dyn sydd yn torri glaswellt yn defnyddio torrwr sydd yn torri 2m^2 bob 3 eiliad. Faint o amser bydd hi'n cymryd iddo dorri'r glaswellt yn y parc?

Defnyddio sgiliau rhif

1. Mae ffreutur yr ysgol wedi archebu 2.4 litr o ddiod ffrwythau. I wneud un cwpanaid o ddiod mae'n rhaid cymysgu 50ml o ddiod ffrwythau gyda 150ml o ddŵr. Sawl cwpanaid o ddiod ffrwythau allen nhw wneud? Sawl litr o ddŵr fyddan nhw'n ei ddefnyddio?

2. Mae'r ysgol wedi ennill cystadleuaeth ac wedi derbyn gwobr o £546 i wario ar adnoddau dosbarth. Mae 6 dosbarth yn yr ysgol. Faint fydd gan bob dosbarth i'w wario?

3. Mae gan lyfrgell yr ysgol 6 eil. Mae gan bob eil 18 silff ac mae pob silff yn dal 30 llyfr. Sawl llyfr sydd yn y llyfrgell?

4. Yn Ffrainc, mae llyfr yn costio 13.59 ewro. Mae'r un llyfr yn costio £9 ym Mhrydain. Beth ydy'r raddfa gyfnewid?

5. Mae Sara yn ymarfer rhedeg. Ddydd Llun, mae hi'n gallu rhedeg 400 metr mewn 2 funud a 43 eiliad. Bob dydd, am weddill yr wythnos mae hi'n cyflymu o ddegfed rhan o funud. Pa mor gyflym bydd hi'n gallu rhedeg erbyn Dydd Gwener?

6. Mae 2.54cm i'r fodfedd. Beth ydy maint y byrddau yn y dosbarth mewn centimedrau os ydyn nhw'n 22 modfedd mewn hyd?

7. Mae bocs o lyfrau'n pwyso 34kg. Mae'r llyfrau yn y bocs i gyd tua'r un maint a siâp. Os oes 25 llyfr yn y bocs faint mae pob llyfr yn ei bwyso ar gyfartaledd?

8. Cynhaliodd Dosbarth 6 arolwg a chanfyddon nhw bod y 35 disgybl yn y dosbarth yn gwylio 288 awr o deledu yr wythnos rhyngddyn nhw. Faint o oriau yr wythnos mae pob disgybl yn ei dreulio'n gwylio'r teledu ar gyfartaledd?

9. Dw i'n meddwl am rif ac yn adio 7.25 a lluosi â 5. Yr ateb ydy 108.75. Beth oedd fy rhif?

10. Mae'r parc lleol yn 24m o led a 32m o hyd. Mae'r dyn sydd yn torri glaswellt yn defnyddio torrwr sydd yn torri 2m^2 bob 3 eiliad. Faint o amser fydd hi'n cymryd iddo dorri'r glaswellt yn y parc?

1. Mae ffreutur yr ysgol wedi archebu 4.8 litr o ddiod ffrwythau. I wneud un capanaid o ddiod mae'n rhaid cymysgu 50ml o ddiod ffrwythau gyda 150ml o ddŵr. Sawl capanaid o ddiod ffrwythau allen nhw wneud? Sawl litr o ddŵr fyddan nhw'n ddefnyddio?

2. Mae'r ysgol wedi ennill cystadleuaeth ac wedi derbyn gwobr o £846 i wario ar adnoddau dosbarth. Mae 6 dosbarth yn yr ysgol. Faint fydd gan pob dosbarth i'w wario?

3. Mae gan lyfrgell yr ysgol 12 eil. Mae gan pob eil 18 silff ac mae pob silff yn dal 30 llyfr. Sawl llyfr sydd yn y llyfrgell?

4. Yn Ffrainc, mae llyfr yn costio 16.56 ewro. Mae'r un llyfr yn costio £12 ym Mhrydain. Beth ydy'r raddfa gyfnewid?

5. Mae Sara yn ymarfer rhedeg. Ddydd Llun, mae hi'n gallu rhedeg 400 metr mewn 3 munud a 23 eiliad. Bob dydd, am weddill yr wythnos mae hi'n cyflymu o ddegfed rhan o funud. Pa mor gyflym bydd hi'n gallu rhedeg erbyn Dydd Gwener?

6. Mae 2.54cm i'r fodfedd. Beth ydy maint y byrddau yn y dosbarth mewn centimedrau os ydyn nhw'n 42 modfedd mewn hyd?

7. Mae bocs o lyfrau'n pwyso 64kg. Mae'r llyfrau yn y bocs i gyd tua'r un maint a siâp. Os oes 25 llyfr yn y bocs faint mae pob llyfr yn ei bwyso ar gyfartaledd?

8. Cynhaliodd Dosbarth 6 arolwg a chanfyddon nhw bod y 35 disgybl yn y dosbarth yn gwylio 488 awr o deledu yr wythnos rhyngddyn nhw. Faint o oriau yr wythnos mae pob disgybl yn ei dreulio'n gwylio'r teledu ar gyfartaledd?

9. Dw i'n meddwl am rif ac yn adio 7.25 a lluosi â 15. Yr ateb ydy 255. Beth oedd fy rhif?

10. Mae'r parc lleol yn 34m o led a 42m o hyd. Mae'r dyn sydd yn torri glaswellt yn defnyddio torrwr sydd yn torri $2m^2$ bob 3 eiliad. Faint o amser fydd hi'n cymryd iddo dorri'r glaswellt yn y parc?

www.brilliantpublications.co.uk

© Catherine Yemm

Datrys Problemau Mathemateg – Blwyddyn 6

Defnyddio sgiliau rhif

Prisiau 4 eitem mewn siop ydy £111.36, £26.34, £145.56 a £82. Faint fyddech chi'n wario pe baech chi'n prynu un o bob un o'r eitemau yma mewn sêl hanner pris?

Mae 8 tŷ yn stryd Tomos. I baentio ei dŷ mae angen 352 litr o baent ar dad Tomos. Petasai e eisiau paentio'r holl dai yn y stryd, faint o baent fyddai ei angen arno fe?

Yng nghyngerdd yr ysgol y llynedd gwerthwyd 248 tocyn. Eleni, mae'r pennaeth yn disgwyl i'r nifer gynyddu o 5%. Faint o docynnau ddylid eu hargraffu?

1. Mae plant dosbarth 6 wedi bod yn cynnal arolwg ar gysgu. Rhyngddyn nhw, maen nhw'n cysgu am 1529.5 awr yr wythnos. Os oes 23 plentyn yn y dosbarth, faint o gwsg mae pob plentyn yn ei gael bob nos ar gyfartaledd?

2. Y llynedd, gwariodd yr ysgol £1568 ar lyfrau i'r plant. Eleni mae elusen leol wedi rhoi £856 i'r ysgol i brynu llyfrau. Faint bydd rhaid i'r ysgol wario eleni os ydy hi eisiau prynu'r un gwerth o lyfrau ar gyfer y plant ag y gwnaeth y llynedd?

3. Mae George wedi cynilo £87.40 yn ei gyfrif banc. Faint bydd ganddo'n weddill os bydd e'n gwario hanner ei gynilion ar sgwter newydd?

4. Mae 16 owns mewn pwys a 14 pwys mewn stôn. Faint mae Jacob yn pwyso mewn stôn a phwysi os ydy e'n pwyso 672 owns?

5. Mae pennaeth yr ysgol yn prynu dodrefn ar gyfer ei swyddfa. Mae e'n prynu desg am £23.75, a chwpwrdd ffeilio am £42.60 a silffoedd am £18.90. Faint mae e'n wario?

6. Roedd blodyn yr haul Ffion yn arfer bod yn 3.2 metr o daldra ond torrodd y 45 centimedr uchaf yn y gwynt. Pa mor dal ydy'r blodyn nawr?

7. Mae hi'n 09:54 ar Ddydd Mercher, 24ain Mawrth yn Llundain. Beth ydy'r dyddiad a faint o'r gloch ydy hi yn Sydney, Awstralia os ydyn nhw 10 awr ar y blaen i Lundain?

8. Mae'r bws lleol yn teithio o'r pentref i'r dref agosaf ac yn ôl 4 gwaith y dydd. Mae hi 8.4 milltir o'r pentref i'r dref. Sawl milltir y dydd mae'r gyrrwr bws yn ei deithio?

9. Mae cogydd yr ysgol yn gwneud teisennau ac yn eu pobi mewn rhesi ar hambwrdd pobi. Ym mhob rhes mae 4 teisen siocled a 5 teisen fefus. Os ydy hi'n pobi 24 teisen siocled, sawl teisen fefus mae hi'n pobi?

10. Mae Dafydd yn prynu llyfr newydd yn y sêl. Mae'r siopwr yn rhoi gostyngiad o 20% iddo ac mae'n talu £8.60. Faint oedd y llyfr yn ei gostio cyn y gostyngiad?

Gwers 5b

1. Mae plant dosbarth 6 wedi bod yn cynnal arolwg ar gysgu. Rhyngddyn nhw, maen nhw'n cysgu am 1851.5 awr yr wythnos. Os oes 23 plentyn yn y dosbarth, faint o gwsg mae pob plentyn yn ei gael bob nos ar gyfartaledd?

- -

2. Y llynedd, gwariodd yr ysgol £2568 ar lyfrau i'r plant. Eleni mae elusen leol wedi rhoi £856 i'r ysgol i brynu llyfrau. Faint bydd rhaid i'r ysgol wario eleni os ydy hi eisiau prynu'r un gwerth o lyfrau ar gyfer y plant ag y gwnaeth y llynedd?

- -

3. Mae George wedi cynilo £127.40 yn ei gyfrif banc. Faint bydd ganddo'n weddill os bydd e'n gwario hanner ei gynilion ar sgwter newydd?

- -

4. Mae 16 owns mewn pwys a 14 pwys mewn stôn. Faint mae Jacob yn pwyso mewn stôn a phwysi os ydy e'n pwyso 896 owns?

- -

5. Mae pennaeth yr ysgol yn prynu dodrefn ar gyfer ei swyddfa. Mae e'n prynu desg am £123.75, a chwpwrdd ffeilio am £42.60 a silffoedd am £18.90. Faint mae e'n wario?

- -

6. Roedd blodyn yr haul Ffion yn arfer bod yn 4.2 metr o daldra ond torrodd y 85 centimedr uchaf yn y gwynt. Pa mor dal ydy'r blodyn nawr?

- -

7. Mae hi'n 16:54 ar Ddydd Mercher, 24ain Mawrth yn Llundain. Beth ydy'r dyddiad a faint o'r gloch ydy hi yn Sydney, Awstralia os ydyn nhw 10 awr ar y blaen i Lundain?

- -

8. Mae'r bws lleol yn teithio o'r pentref i'r dref agosaf ac yn ôl 12 gwaith y dydd. Mae hi 8.4 milltir o'r pentref i'r dref. Sawl milltir y dydd mae'r gyrrwr bws yn ei deithio?

- -

9. Mae cogydd yr ysgol yn gwneud teisennau ac yn eu pobi mewn rhesi ar hambwrdd pobi. Ym mhob rhes mae 4 teisen siocled a 5 teisen fefus. Os ydy hi'n pobi 48 teisen siocled, sawl teisen fefus mae hi'n pobi?

- -

10. Mae Dafydd yn prynu llyfr newydd yn y sêl. Mae'r siopwr yn rhoi gostyngiad o 20% iddo ac mae'n talu £11.60. Faint oedd y llyfr yn ei gostio cyn y gostyngiad?

© Catherine Yemm

1. Mae plant dosbarth 6 wedi bod yn cynnal arolwg ar gysgu. Rhyngddyn nhw, maen nhw'n cysgu am 1368.5 awr yr wythnos. Os oes 23 plentyn yn y dosbarth, faint o gwsg mae pob plentyn yn ei gael bob nos ar gyfartaledd?

2. Y llynedd, gwariodd yr ysgol £4568 ar lyfrau i'r plant. Eleni mae elusen leol wedi rhoi £1856 i'r ysgol i brynu llyfrau. Faint bydd rhaid i'r ysgol wario eleni os ydy hi eisiau prynu'r un gwerth o lyfrau ar gyfer y plant ag y gwnaeth y llynedd?

3. Mae George wedi cynilo £427.40 yn ei gyfrif banc. Faint bydd ganddo'n weddill os bydd e'n gwario hanner ei gynilion ar sgwter newydd?

4. Mae 16 owns mewn pwys a 14 pwys mewn stôn. Faint mae Jacob yn pwyso mewn stôn a phwysi os ydy e'n pwyso 1344 owns?

5. Mae pennaeth yr ysgol yn prynu dodrefn ar gyfer ei swyddfa. Mae e'n prynu desg am £223.75, a chwpwrdd ffeilio am £82.60 a silffoedd am £78.90. Faint mae e'n wario?

6. Roedd blodyn yr haul Ffion yn arfer bod yn 3.27 metr o daldra ond torrodd y 189 centimedr uchaf yn y gwynt. Pa mor dal ydy'r blodyn nawr?

7. Mae hi'n 16.54 a 56 eiliad ar Ddydd Mercher, 24ain Mawrth yn Llundain. Beth ydy'r dyddiad a faint o'r gloch ydy hi yn Sydney, Awstralia os ydyn nhw 10 awr ar y blaen i Lundain?

8. Mae'r bws lleol yn teithio o'r pentref i'r dref agosaf ac yn ôl 18 gwaith y dydd. Mae hi 8.4 milltir o'r pentref i'r dref. Sawl milltir y dydd mae'r gyrrwr bws yn ei deithio?

9. Mae cogydd yr ysgol yn gwneud teisennau ac yn eu pobi mewn rhesi ar hambwrdd pobi. Ym mhob rhes mae 4 teisen siocled a 5 teisen fefus. Os ydy hi'n pobi 64 teisen siocled, sawl teisen fefus mae hi'n pobi?

10. Mae Dafydd yn prynu llyfr newydd yn y sêl. Mae'r siopwr yn rhoi gostyngiad o 20% iddo ac mae'n talu £28.60. Faint oedd y llyfr yn ei gostio cyn y gostyngiad?

Defnyddio sgiliau rhif

Mae'r siop gornel yn archebu 250 litr o laeth bob wythnos. Ar y rhan fwyaf o ddyddiau mae'r siop yn gwerthu 38 litr o laeth. Pa mor hir fydd y cyflenwad llaeth yn para? Faint fydd y siop yn ei wneud os ydy hi'n gwerthu'r llaeth am 37c y litr?

Dyma rysáit ar gyfer gwneud caserol. Newidiwch y pwysau i unedau metrig.

6 owns o foron
5 owns o datws
1 pwys 3 owns o gyw iâr
1 peint o stoc cyw iâr

Mae Caleb yn cynilo £1.75 yr wythnos. Faint fydd e wedi'i gynilo ar ôl 2 flynedd? Fydd ganddo ddigon i brynu sgrialfwrdd sydd yn costio £132 + TAW am 20.0%

1.
Rhedodd Mr James mewn marathon leol yn ddiweddar. Roedd y marathon yn 26 milltir o hyd. Cerddodd am 6.5 milltir a lonciodd am 13 milltir a rhedodd weddill y ffordd. Am ba ffracsiynau o'r ras gerddodd e, lonciodd a rhedodd e?

2.
Dw i'n meddwl am rif. Dw i'n tynnu 25 a rhannu â 5. Yr ateb ydy 23. Beth oedd fy rhif?

3.
Mae gan y siop leol dri chynnig: 3 phâr o hosanau am £3.30, 5 het am £12.50, 4 pâr o fenyg am £6.40. Faint mae un o bob un o'r pethau yma'n gostio?

4.
Mae'r ffermwr lleol yn berchen ar 2 sied. Mae un yn gorchuddio arwynebedd o 84m^2 ac mae'r llall yn gorchuddio 40m^2. Os ydy e'n eu dymchwel i adeiladu un sied newydd gyda'r un arwynebedd, beth allai'r dimensiynau fod?

5.
Mae Iestyn yn cael beic newydd ar ei ben-blwydd. Mae hi'n 5.30 pm ar 12fed Medi. Mae beic Iestyn yn cyrraedd am 9.00 pm ar 13eg Medi. Sawl awr mae'n rhaid iddo aros am ei feic?

6.
Mae Sakti yn seiclo am 24.4km yr awr. Mae e'n cymryd 30 munud i seiclo i dŷ ei nain. Faint o fetrau i ffwrdd mae ei nain yn byw?

7.
Mae gan Deian £10 i'w wario. Y gyfradd gyfnewid ydy £1 i 1.76 doler Americanaidd. Sawl diod sydd yn costio 2 ddoler mae e'n gallu eu prynu?

8.
Mae'r ysgol gynradd yn y pentref yn defnyddio 4 a chwarter gwaith cymaint o ddŵr ag ysgol y babanod. Os ydy ysgol y babanod yn defnyddio 124 litr o ddŵr y mis, faint mae'r ysgol gynradd yn ei ddefnyddio?

9.
Mae bocs yn dal 205 o glipiau papur. Mae ysgrifenyddes yr ysgol yn archebu 9 bocs. Faint o glipiau papur fydd gan yr ysgol yn gyfan gwbl?

10.
Yn y siop wersylla, mae Catherine yn prynu pabell newydd gwerth £83.45 a sach gysgu gwerth £12.50. Faint fydd rhaid iddi ei dalu os ydy'r siopwr yn ychwanegu TAW o 20.0% at y cyfanswm?

Gellir llungopio'r dudalen hon gan y sefydliad sy'n prynu yn unig.

www.brilliantpublications.co.uk

© Catherine Yemm

Datrys Problemau Mathemateg – Blwyddyn 6   79

Gwers 6b

1. Rhedodd Mr James mewn marathon leol yn ddiweddar. Roedd y marathon yn 26 milltir o hyd. Cerddodd am 6.5 milltir a lonciodd am 16.25 milltir a rhedodd weddill y ffordd. Am ba ffracsiynau o'r ras gerddodd e, lonciodd a rhedodd e?

2. Dw i'n meddwl am rif. Dw i'n tynnu 25 a rhannu â 2.5. Yr ateb ydy 24. Beth oedd fy rhif?

3. Mae gan y siop leol dri chynnig: 3 phâr o hosanau am £4.35, 5 het am £11.25, 4 pâr o fenyg am £6.40. Faint mae un o bob un o'r pethau yma'n gostio?

4. Mae'r ffermwr lleol yn berchen ar 2 sied. Mae un yn gorchuddio arwynebedd o 112m^2 ac mae'r llall yn gorchuddio 80m^2. Os ydy e'n eu dymchwel i adeiladu un sied newydd gyda'r un arwynebedd, beth allai'r dimensiynau fod?

5. Mae Iestyn yn cael beic newydd ar ei ben-blwydd. Mae hi'n 5.30 pm ar 12fed Medi. Mae beic Iestyn yn cyrraedd am 9.00 pm ar 18fed Medi. Sawl awr mae'n rhaid iddo aros am ei feic?

6. Mae Sakti yn seiclo am 24.4km yr awr. Mae e'n cymryd 45 munud i seiclo i dŷ ei nain. Faint o fetrau i ffwrdd mae ei nain yn byw?

7. Mae gan Deian £20 i'w wario. Y gyfradd gyfnewid ydy £1 i 1.76 doler Americanaidd. Sawl diod sydd yn costio 2 ddoler mae e'n gallu eu prynu?

8. Mae'r ysgol gynradd yn y pentref yn defnyddio 4 a chwarter gwaith cymaint o ddŵr ag ysgol y babanod. Os ydy ysgol y babanod yn defnyddio 254 litr o ddŵr y mis, faint mae'r ysgol gynradd yn ei ddefnyddio?

9. Mae bocs yn dal 205 o glipiau papur. Mae ysgrifenyddes yr ysgol yn archebu 17 bocs. Faint o glipiau papur fydd gan yr ysgol yn gyfan gwbl?

10. Yn y siop wersylla, mae Catherine yn prynu pabell newydd gwerth £133.45 a sach gysgu gwerth £28.50. Faint fydd rhaid iddi ei dalu os ydy'r siopwr yn ychwanegu TAW o 20.0% at y cyfanswm?

Datrys Problemau Mathemateg – Blwyddyn 6 © Catherine Yemm

1. Rhedodd Mr James mewn marathon leol yn ddiweddar. Roedd y marathon yn 26 milltir o hyd. Cerddodd am 3.05 milltir a lonciodd am 16.45 milltir a rhedodd weddill y ffordd. Am ba ffracsiynau o'r ras gerddodd e, lonciodd a rhedodd e?

. . . .

2. Dw i'n meddwl am rif. Dw i'n tynnu 25 a rhannu â 4.5. Yr ateb ydy 72. Beth oedd fy rhif?

. . . .

3. Mae gan y siop leol dri chynnig: 3 phâr o hosanau am £13.50, 5 het am £18.75, 4 pâr o fenyg am £6.40. Faint mae un o bob un o'r pethau yma yn gostio?

. . . .

4. Mae'r ffermwr lleol yn berchen ar 2 sied. Mae un yn gorchuddio arwynebedd o $148m^2$ ac mae'r llall yn gorchuddio $120m^2$. Os ydy e'n eu dymchwel i adeiladu un sied newydd gyda'r un arwynebedd, beth allai'r dimensiynau fod?

. . . .

5. Mae Iestyn yn cael beic newydd ar ei ben-blwydd. Mae hi'n 5.30 pm ar 12fed Medi. Mae beic Iestyn yn cyrraedd am 9.00 pm ar 21ain Medi. Sawl awr mae'n rhaid iddo aros am ei feic?

. . . .

6. Mae Sakti yn seiclo am 24.4km yr awr. Mae e'n cymryd 90 munud i seiclo i dŷ ei nain. Faint o fetrau i ffwrdd mae ei nain yn byw?

. . . .

7. Mae gan Deian £35 i'w wario. Y gyfradd gyfnewid ydy £1 i 1.76 doler Americanaidd. Sawl diod sydd yn costio 2 ddoler mae e'n gallu eu prynu?

. . . .

8. Mae'r ysgol gynradd yn y pentref yn defnyddio 6 a chwarter gwaith cymaint o ddŵr ag ysgol y babanod. Os ydy ysgol y babanod yn defnyddio 254 litr o ddŵr y mis, faint mae'r ysgol gynradd yn ei ddefnyddio?

. . . .

9. Mae bocs yn dal 205 o glipiau papur. Mae ysgrifenyddes yr ysgol yn archebu 21 bocs. Faint o glipiau papur fydd gan yr ysgol yn gyfan gwbl?

. . . .

10. Yn y siop wersylla, mae Catherine yn prynu pabell newydd gwerth £233.45 a sach gysgu gwerth £78.50. Faint fydd rhaid iddi ei dalu os ydy'r siopwr yn ychwanegu TAW o 20.0% at y cyfanswm?

Atebion

Datblygu ymresymu rhifyddol

Gwers 1 (tud 10)

A: 9 awr a 8 munud; B: £3037.50;

C: rhannu

Gwersi 1a–1c (tt 11–13)

C	1a	1b	1c
1	stori	stori	stori
2	156	312	432
3	50	45	50
4	£113.73	£313.73	£523.73
5	625ml	812.5ml	1312.5ml
6	0.89	1.66	4.76
7	£4.50	£11.75	£8.42
8	22, nac oes	37, 11 dros ben	71, 10 dros ben
9	18:55	18:51	21:11
10	10 babanod 20 cynradd	18 babanod 36 cynradd	28 babanod 56 cynradd

Gwers 2 (tud 14)

A: 2550; B: £247; C: 32.96

Gwersi 2a–1c (tt 15–17)

C	2a	2b	2c
1	139.7ml	266.7ml	520.7ml
2	lluosi	lluosi	lluosi
3	7	11	25
4	stori	stori	stori
5	711 litr	2111 litr	21111 litr
6	850	1724	3424
7	20	20	50
8	317	960	2050
9	8:55	09:25	09:25
10	110.5m	180.5m	1080.5m

Gwers 3 (tud 18)

A:1600g; B: 112.5m²; C: 99 munud 45 eiliad

Gwersi 3a–3c (tt 19–21)

C	3a	3b	3c
1	18:15	19:25	19:35
2	7	9	13
3	adio	adio	adio
4	254	354	354
5	£422	£1833	£3033
6	359	1359	2641
7	357	2607	6357
8	stori	stori	stori
9	13.2m	21.2m	41.2m
10	228	678	1128

Gwers 4 (tud 22)

A:11 820 eiliad; B: 1.63 metr; C: 280.

Gwersi 4a–4c (tt 23–25)

C	4a	4b	4c
1	12	24	48
2	£1.55	£9.55	£19.55
3	1050.5	1350.5	1810.5
4	£3300	£8400	£15,120
5	3 munud 58 eiliad	14 munud 18 eiliad	19 munud 38 eiliad
6	82.4	82.4	92.4
7	tynnu	tynnu	tynnu
8	8	14	37
9	350m	550m	950m
10	stori	stori	stori

Gwers 5 (tud 26)

A: 384;

B: Tara – 1423, Tilak – 1111, Shauna – 880, Cyfanswm = 3414

C: 36.

Gwersi 5a–5c (tt 27–29)

C	5a	5b	5c
1	132	252	372
2	20 munud	60 munud	120 munud
3	44	56	80
4	stori	stori	stori
5	365	1365	1365
6	837	2837	7837
7	rhannu	rhannu	rhannu
8	21.5kg	33.5kg	58.5kg
9	421	800	10 800
10	224	448	728

Gwers 6 (tud 30)

A: 1 awr, 17 munud;

B: 18; C: 1305.

Gwersi 6a–6c (tt 31–33)

C	6a	6b	6c
1	Un Martin o £11.25	Un Martin o £10.25	Un Martin o £38.25
2	324 modfedd	540 modfedd	756 modfedd
3	lluosi	lluosi	lluosi
4	£28	£34	£48
5	730cm	1730cm	2730cm
6	unrhyw	unrhyw	unrhyw
7	637	1637	2637
8	stori	stori	stori
9	75	110	135
10	187	378	522

Datblygu ymresymu rhifyddol: Adnabod prosesau a chysylltiadau

Gwers 1 (tud 34)

A: 5 o'r gloch a 7 o'r gloch;

B: 81; C: 7.

Gwersi 1a–1c (tt 35–37)

1a   prism heptagonol ac yn y blaen

1b   decahedron, prism octagon ac yn y blaen

1c   dodecahedron, prism nonagon ac yn y blaen

C	1a	1b	1c
2	16	32	64
3a	2 bedrochr neu 2 driongl		
3b	1 petryal, 2 driongl neu 2 pedrochr ac yn y blaen		
3c	4 pedrochr neu 4 triongl ac yn y blaen		
4	Unrhyw onglau sydd yn gwneud cyfanswm o:		
	180°	540°	1080°
5	4096	8000	15 635
6	Plant i dynnu llun siâp gyda		
	9 ochr	10 ochr	12 ochr
7	540°/180°	720°/120°	1286°/128°
8	oes	nac oes	nac oes
9	5	6+	8
10	2 hecsagon 1 petryal	2 heptagon 1 petryal	2 octagon 1 petryal

Gwers 2 (tud 38)

A: 82, 83; B: dangoswch y gweithio allan ar gyfer lluosi; C: dangoswch enghreifftiau

Gwersi 2a–2c (tt 39–41)

C	2a	2b	2c
1	unrhyw	unrhyw	unrhyw
2	Dangoswch y gweithio allan ar gyfer ffracsiynau		
3	Dangoswch y gweithio allan ac enghraifft		
4	7 x n (wythnos) = diwrnodau	12 x n (blwyddyn) = misoedd	10 x 12 x n (degawd) = misoedd
5	enghreifftiau	enghreifftiau	enghreifftiau
6	Dangoswch gweithio allan ar gyfer tynnu		
7	456 ÷ 12 646 ÷ 17	3936 ÷ 12 5576 ÷ 17	10496 ÷ 32 12136 ÷ 37
8	h x n 55cm	h x n 72cm	h x n 288cm
9	enghreifftiau	enghreifftiau	enghreifftiau
10	Dangoswch gweithio allan ar gyfer rhannu		

Gwers 3 (tud 42)

A: gwneud siâp; B: $\dfrac{h \times b}{2}$; C: 64

Gwersi 3a–3c (tt 43–45)

C	3a	3b	3c
1	360°	720°	1260°
2	2 a 10 o'r gloch	3 a 9 o'r gloch	4 ac 8 o'r gloch
3	7	10	12
4	Plant i dynnu lluniau gan ddefnyddio sgwariau		
5	amrywiol	amrywiol	amrywiol
6	1 pentagon 5 driongl	1 heptagon 7 driongl	1 decagon 10 driongl
7	24 x 1, 12 x 2, 8 x 3, 4 x 6	32 x 1, 16 x 2, 8 x 4	64 x 1, 32 x 2, 16 x 4, 8 x 8
8	Mae gan hemisffer		
	2 wyneb	wyneb gwastad	wyneb crwn
9	1	4	6
10	trionglau	trionglau	trionglau

Gwers 4 (tud 46)

A: unrhyw; B: 11, 14, 17, 20, 23;

C: trafodaeth am weithio gyda ffracsiynau

Gwersi 4a–4c (tt 47–49)

C	4a	4b	4c
1	512, 125, 152, 521	471, 174, 722, 272	262, 622, 342, 243
2	eglurwch sut i weithio gyda chanrannau		
3	dangoswch enghreifftiau		
4	125; 0.1	850; 0.25	2950; 0.75
5	unrhyw	unrhyw	unrhyw
6	dangoswch enghreifftiau		
7	lluosi		
8	61 cm	113.8 cm	135.5 cm
9	plant i ddangos enghreifftiau		
10	esboniad o dynnu		

Gwers 5 (tud 50)

A: 2 neu 6; B: 80.5 cm;

C: trafodaeth ddosbarth

Gwersi 5a–5c (tt 51–53)

C	5a	5b	5c
1	nonagon	hendecagon	dodecagon
2	4	5	4
3	90°	60°	150°
4	5	20	40
5	silindr, sffêr, côn, hemisffer		
6	-	-	-
7	320	576	864
8	dibynnu sut maen nhw'n uno		
9	siapiau'n dibynnu lle maen nhw'n cael eu torri		
10	plant i ymestyn y patrwm		

Gwers 6 (tud 54)

A: trafodaeth ddosbarth; B: esboniad yn dangos rhannu'r swm; C: $n$fed term

Gwersi 6a–6c (tt 55–57)

C	6a	6b	6c
1	dangoswch enghreifftiau		
2	dangoswch weithio allan y canrannau		
3	unrhyw enghraifft cywir		
4 e.e.	882, 444, 390	780, 654, 555	666, 873, 954
5	dangoswch weithio allan y lluosi		
6	$23n$	$32n$	$64n$
7	dangoswch weithio allan yr adio		
8 e.e.	98 ÷ 5	198 ÷ 5	298 ÷ 5
9	unrhyw enghraifft sy'n gywir		
10 e.e.	A=8 B=15	A=9 B=25	A=126 B=223

Defnyddio sgiliau rhif

Gwers 1 (tud 58)
A: 12 996; B: 4.75kg; C: 25 033m.

Gwersi 1a–1c (tt 59–61)

C	1a	1b	1c
1	£132.89	£267.11	£334.23
2	21	41	81
3	20; 160	60; 480	123; 984
4	100 munud	50 munud	80 munud
5	87	207	327
6	200 x 300	300 x 400	400 x 500
7	£42.60	£91.14	£211.14
8	£2860.25	£7110.25	£11 360.25
9	-	-	-
10	40.84kg	33.84kg	59.84kg

Gwers 2 (tud 62)
A: 1700cm^2 or 0.17m^2; B: 0.9; C: 15:47.

Gwersi 2a–2c (tt 63–65)

C	2a	2b	2c
1	140m^2	600m^2	867.67m^2
2	10.5	14.7	20.5
3	£16	£26	£46
4	4 rhes 42 ddim yn cael eu defnyddio	10 rhes 12 ddim yn cael eu defnyddio	17 rhes 27 ddim yn cael eu defnyddio
5	£25.50	£19.55	£36.55
6	Caitlin 2.4 pwys	Caitlin 3.6 pwys	Caitlin 4.8 pwys
7	30cm	32.5cm	60cm
8	81.25	81.25	81.25
9	8	17	30
10	154.98m	217.98m	343.98m

Gwers 3 (tud 66)
A: badminton a thennis;
B: 4 bws, 32 sedd wag; C: £45,000.

Gwersi 3a–3c (tt 67–69)

C	3a	3b	3c
1	7/20	1/10	1/10
2	16	32	64
3	e.e. 4 x 6m	e.e.4 x 9m	e.e.6 x 9m
4	6.07kg	10.07kg	30.07kg
5	195	320	640
6	52.6cm	15.6cm	65.6cm
7	532mm	714mm	957mm
8	6:47 pm	7:29 pm	8:19 pm
9	dim	5	13
10	2.04km	2.28km	2.52km

Gwers 4 (tud 70)
A: £248.25; B: 114m^2; C: 67

Gwersi 4a–4c (tt 71–73)

C	4a	4b	4c
1	28 cwpan 4.2 litr	48 cwpan 7.2 litr	96 cwpan 14.4 litr
2	£41	£91	£141
3	960	3240	6480
4	£1 = €1.47	£1 = €1.51	£1 = €1.38
5	2 funud	2 funud 3 eiliad	2 funud 51 eiliad
6	38.1cm	55.88cm	106.68cm
7	3kg	1.36kg	2.56kg
8	5.37 awr	8.23 awr	13.94 awr
9	10.5	14.5	9.75
10	252 eiliad	1152 eiliad	2142 eiliad

Gwers 5 (tud 74)

A: £182.63; B: 2816 litr; C: 252

Gwersi 5a–5c (tt 75–77)

C	5a	5b	5c
1	9.5 awr	11.5 awr	8.5 awr
2	£712	£1712	£2712
3	£43.70	£95.55	£320.55
4	3 stôn 0 pwys	4 stôn 0 pwys	6 stôn 0 pwys
5	£85.25	£185.25	£385.25
6	2.75m	3.65m	1.38m
7	24ain Mawrth 19:54	25ain Mawrth 02:54	25ain Mawrth 02:54.56
8	67.2 milltir	201.6 milltir	302.4 milltir
9	30	60	80
10	£10.75	£14.50	£35.75

Gwers 6 (tud 78)

A: 6 niwrnod, £92.50; B: 150g o foron, 125g o datws, 475g o gyw iâr, 1.14 litr o stoc cyw iâr; C: £182, bydd, sgrialfwrdd yn costio £158.40

Gwersi 6a–6c (tt 79–81)

C	6a	6b	6c
1	cerdded 1/4 loncian 1/2 rhedeg 1/4	cerdded 1/4 loncian 5/8 rhedeg 1/8	cerdded 1/8 loncian 3/4 rhedeg 1/8
2	140	85	349
3	hosanau £1.10 het £2.50 menyg £1.60	£1.45 £2.25 £1.60	£4.50 £3.75 £1.60
4	unrhyw ddimensiynau sydd yn rhoi arwynebedd o		
	124m^2	192m^2	268m^2
5	27.5 awr	147.5 awr	219.5 awr
6	12,200m	18,300m	36,600m
7	8	17	30
8	527	1079.5	1587.5
9	1845	3485	4305
10	£115.14	£194.34	£374.34

Lightning Source UK Ltd.
Milton Keynes UK
UKOW07f0613080317
296130UK00003B/28/P